JN005533

# だから声かけ、話し合う

親と子の気持ちいい関係をつくる「やってみた」と「話してみた」

西村琢

TOYOKAN BOOKS

# はじめに

私は神奈川県の逗子という街に妻と3人の男児（中学1年生、小学4年生、3歳児）とともに暮らしています。職業は会社経営。レストランでの食事やクルージング、パラグライダーなどの体験をギフトとして贈ることのできる事業を展開しています。教育や心理学の専門家でもない私が家族や育児に関して発信するきっかけとなったのは、会社で実施していた子連れ出勤という取り組みでした。文字通り、仕事をするオフィスに、子どもを連れて出勤できるというものです。起業直後、私自身が必要に応じて何気なく実践していた取り組みがほかの社員に広がり、やがてマスコミや企業、地方自治体の視察が相次ぎ、内閣府の少子化社会対策白書（平成30年度版）にも取り上げられました。当初の取材や説明は子連れ出勤の取組内容や背景についてが中心でしたが、徐々に私自身の生活や子どもとの暮らしについても着目いただく機会が増えました。そうした中で、長男が小学校卒業を迎えるというタイミングもあり、自分の生活の中で実践してきたことをあらためて振り返ると、子どもとの気持ちいい関係をつくることに注力してきたように思います。この関係づくりにおいて、小学生の息子たちに対して、私なりに効果があったと感じたことを「やってみたこと」と「話してみたこと」に分けて整理したのが本書です。

6歳から12歳という、年齢だけ見ると大きな差がある子どもを小学生とくくってしまう強引さは自覚しているつもりです。そして実際には、本編で紹介しているような取り組みがスムーズにできるようになるのは、小学3年生くらいからだと思います。ですが2年生と3年生のあいだで線を引いて、いきなりかかわり方を大きく変えることは簡単ではありません。子どもが生まれたら言葉などわからないうちから話しかけていたのと同じように、通じているのかいないのかわからないながらも、それくらいの時期からひとりの人とみなして声をかけていくこと。その上で子どもの成長に応じて会話の内容やレベルを徐々に変化させていく。

これは始まりも終わりもないプロセスですが、たくさん会話をする下準備と会話の始まり、そして発展。そういう意味合いで、この時期を「小学生」とくくるのは悪くないアイデアだと思っています。

書籍としてまとめると、まるでこれが正解だと言わんばかりですが、実際には百時百様（造語です）。「次はこうしよう」と思っても、次がやってきたときには子どもも親も成長・変化しているので、まあ思うようにはいきません。そういうものです。期待通りにいかずとも、子どもとのかかわり方をいつもすこしだけ意識し、必要だと感じたら変化させていくことに意味があると思うのです。

ちなみに本書の本編（第1部・第2部）中では子育てという言葉を使っていません。子を育てる。この、何だかとっても一方的な意味をもつ言葉が、私たちが本来必要としている子どもとの暮らしやかかわり合いを遠ざけていないか。子育てにまつわる情報が多すぎて冷静さを失いかけていないか。子育てという言葉を使うことで育児に何かゴールがあると錯覚し、将来のための今という逆算で物事を考えてしまうなら、いっそのこと子育てという呼び名はやめてしまおう。そんな思いを込めています。

子どもは教え、導く対象であると同時に、親である私たちも彼らに気づかされ、学び続けます。それは親から子に向けた一方的な関係などでは決してなく、互いに刺激と発見を与え合う相棒のようなもの。一方的ではなく双方向ですし、そこにあるのは子育てではなく子どもとの暮らしだと思うのです。

子どもと過ごす楽しい暮らし。思うようにいかないこともあるけれど、一方で、愛おしいと思う瞬間がたくさんある暮らしです。

たった1冊の本で世の中が変わるとは思いません。ですが本書がすこしでも育児に取り組む方々に、中でも、肩に力が入りすぎて酸欠状態になっている親御さんの参考になりましたら幸いです。

# 目次



## 第1部

## 21の「やってみた」

第2部

# 20の「話してみた」

特別収録

序章

私が目指している親と子の気持ちいい関係には、会話が欠かせません。何だかお説教みたいな内容も含まれるのですこし気が引けますが、そう思うに至った私なりの考えを記しておこうと思います。

## ――「親子」より「親と子」

まずは1つ、大事な前提の確認を。親子もひとつの立派な人間関係です。恋人や友人、家族や仕事仲間と変わりません。もちろん立場の違いや血のつながりの有無など差はありますが、人間関係という言葉の前では何も変わらない、同じものです。お腹の中から出てきたという意味で母子のつながりは特別ですし、そのパートナーである父親との関係も特別でないはずがありません。生まれた直後やごく幼少の頃は、それこそ親と子の境界線がぼんやりしている時期があるのもわかります。

ですがやはり生まれた以上はそれぞれ別の個人。「親子」というよりも「親と子」なのだと思います。別々の存在だからこそ、そこに関係性が生まれる。その関係やお互いのかかわり方に対していつも意識を向け、より良い方法を探っていこう。それが本書の提案です。

（ちなみに「親と子」とは言ったものの、文章中の「親子」を全部「親と子」に置きかえるのは読みづらいので、以降も、用語として使っております）

## ――かかわり方は3か月おきに見直し

親子のあいだの距離やかかわり方に決まった答えはありません。ひとつ確かなのは、それは常に変化し続けるという点です。子どもが生まれた。小学生になった。成人して働きはじめた。孫ができた。親が倒れて介護生活が始まった。これらは大きな節目ですし、その度に親子の関係は大きく変化します。ですがもし誰かが虫めがねで私たちの日々の生活をつぶさに観察することができるなら、小さな変化が毎日、毎時間起きていることでしょう。なぜって、子どもも大人も毎日すこしずつ変わっていくからです。成長とか老化とか、そんな単純な話だけではありません。誰にだって体調や気分には波があるでしょうし、それが気候や仕事など外側の環境に影響を受けることだって珍しくありません。

私は、親子のかかわり方は、長くても3か月おきくらいには見直すのが良いと思っています。具体的には、お風呂掃除や買い物などの家事を新たに頼むようにしてみたり、もしくは「○○しなさい」といった指示出しをぐっとこらえてみたり。毎日見直すのは大変だけど、年に1度では子どもの成長スピードに追いつかない。なので2～3か月での見直しがちょうど良い気がします。

どんどん手が離れて寂しいと思うかもしれませんが、そんなことはありません。子どもが自立・自走していけばその分、彼らが自分のことを話しはじめます。それを聞くだけでも楽しいですし、その過程で親として寄り添える場面もたくさん出てくるはずです。寄り添う余地をつくるためにも、すこし距離をとるのです。

## ――ダイバーシティは目の前に

人と人との関係は、どれもそれぞれの文脈をもち、替えのきかないものです。さらに、その中の1つの関係を取り上げてみただけでも、常に変化して移り変わります。文字で書くと当たり前ですが、私は会社の経営を通じてこの事実を実感し、それは大きな学びとなりました。

どんな商品・サービスでも、それを生み出し、今日も明日も1年後もお客さまに届けるためには、個人の域を超え、組織という単位で活動する必要があります。つまり大勢を巻き込みますし、その人たちがさまざまな形で事業や組織とかかわり合いをもつことになります。形というのはアルバイトや正社員、経営陣と従業員、営業や研究開発など、よく見かける区分だけではありません。それぞれ結婚や出産を迎えたり、親の介護に突入したり、生活スタイルも含まれます。それぞれに実に多くの揺らぎがあり、そのたびに、会社と社員の関係性はすこしずつ変化していくのです。似たようなことが、自分を含めて全社員に起きている。そうなると、もはや変わらないことなど何もありません。でも、全員がそれぞれ揺らいでいるので、むしろ全体としては安定している。まるで地震対策のためにあえて揺れるように設計されている高層ビルのようです。

一連の経験を通じて気づいたのは、ダイバーシティという言葉の意味です。それは通常マイノリティをうけいれることだと思いがちですが、すべての社員や彼らと会社のかかわり合いは、そもそもすべて替えがきかないほど多様でありダイバーシティそのものです。さらに、そのすべてのかかわり合いがそれぞれ、時間とともに変化していく。そういう意味でもダイバーシティに溢れています。そう、ダイバーシティは社会のルールや法律の求めに応じて「やらねばならぬこと」である以前に、いつも周囲や目の前にゴロゴロ転がっていたのです。

この考え方はすべての人と人とのかかわり合いに当てはまりますし、もちろん親子も例外ではありません。子も親も、そしてお互いのかかわり合い方も、全部が常に変わりゆく。「そういうものだ」と認識しておくことができれば慌てることが減るでしょうし、準備や覚悟もできそうです。

## ――気楽さは価値

親子も立派な人と人とのかかわり合いであることはわかった。その関係はいつも微妙に揺れ動いていることも理解した。

親と子の気持ちいい関係づくりには、そうした距離の取り方をメンテナンスすべく声をかけたり話し合いをしていくことが必要になってくるのです。ここには2つのポイントがあります。

1つはとても単純、日々を気楽に過ごすことです。

互いに気負うことがない関係で気楽に過ごせることはそれだけで価値があります。すこやかな毎日を与えてくれます。その入り口として話しかけること、話し合うこと。いきなりスムーズにいかなくても問題ありません。まずは言葉を交わすこと、やり取りすること自体に意味があると思うからです。

時間と場所を一緒に過ごす人との会話が少ないと、時とともに相手の考えていることがわからなくなるものです。その結果、ぎこちなさが生まれたり緊張が走ったりする。そういう場面、誰しも経験があるでしょう。

ですが私たちは、ただでさえ家庭に仕事に日々せっせと動き回っています。人間関係に気を揉む余裕などありませんし、親子関係も同じです。よどみを防ぎ、気楽に。そのために声をかけ、話し合うのです。

## ――お話↓経験↓興味

子どもに声をかけ、話し合いをするもう1つのポイント。それは子どもたちが新たな興味を獲得するための伴走です。

興味は「抱く」と書くことが多いので「獲得する」という言い回しには違和感があるでしょうか。何かに対する興味関心は生活に彩りを与えてくれますし、興味の対象はいくら多くても困ることはありません。そして日常の生活の中で興味は自然と抱くものですが、そこにひと工夫加えて、より積極的に探っていこう。それが「獲得する」という言葉に込めた思いです。ちょっとした会話を起点に子どもたちを何かしらの経験に誘い出す。その経験を通じて興味の度合いを確かめたり、それが次なる何かに展開するか探ったりするのです。

何かの能力を身につけるため、テストに合格するためではなく、とにかく彼らの興味を広げ、深めること。それに尽きます。間違っても、子どもの興味をおろそかにしてはいけません。今この瞬間の彼らの興味は次なる興味の源であり、次の興味がさらにその先の興味を呼び寄せるからです。その道中で仲間と出会い、多くを学んでいく。それこそが彼らの生活であり、さらに言えば人生そのものだと思います。興味が生活や人生の中心に据えられた人生。最高だと思いませんか。子どもとのかかわり合いを気持ちいい状態に保つこと、そのためにこまめに声をかけて彼らと話し合うことの先には、多くの可能性が秘められているのです。

ちなみに、こんなことを書くと今にも「うちの子はＹｏｕＴｕｂｅやゲームばかりで」という声が聞こえてきそうです。そんなとき、まずは否定せず、一緒に並んで映像を見たりゲームを楽しんだりしてみるのはいかがでしょう。真剣に見たり遊んだりすればきっと発見がありますし、その発見をもとに何か新しい経験に誘い出すことはできないでしょうか。

ＹｏｕＴｕｂｅで見て笑っているだけだったメントスコーラを自宅でトライし

てみるのも良いでしょう（ちょっと古いのでご存知ない方もいらっしゃるかもしれませんが、コーラにメントスを入れると想像以上の勢いで噴き出してくるという定番の動画です）。ゲームを起点にして一緒にゲーセンに行ってみたりゲーム会社のホームページを調べてみたり、プログラミングを体験してみるのも良いかもしれません。想像力しだいで話の広げ方は無限にあるはずですし、そんな親の動きを見たら子どもも「おやっ」と感じて（何だかダジャレみたいになってしまいました）、親子のかかわり合い方も変わってくるのではないでしょうか。

## ――さあ話そう、声をかけよう

子どもに声をかけ、話し合いをする2つの目的。

1つめの「気楽に過ごすため」。こちらは日々の生活をスムーズかつローカロリーで済ませるためと言い換えることができそうです。もう1つの「新しい興味の獲得に向けた伴走」。こちらは親もたくさん観察したり提案したりする必要があるので、割とハイカロリーかもしれません。

ローカロリーとハイカロリー。手を抜くところと、手間をかけるところ。この塩梅が大事です。これから紹介していくことは、どれもすべてこの2つの目的が根底にあります。ことさらに分類する必要はないですが、ぜひこの視点をもちつつ読んでいただけたらうれしいです。

# 第1部

# 21の「やってみた」

# 今日の予定を確認するよ

朝、子どもも一緒にその日の予定の確認をするのは割と良い習慣ではないかなと思っています。既に実施されているご家庭にとっては「当たり前だろ」かもしれませんが、そうでないご家庭はたった5分、食事をしながらとかでも構わないと思うので、1日の流れを一緒に確認するのはおすすめです。もちろん、その日の予定確認を朝にするだけでなく、週末の予定の確認を週の半ばに、長期休暇の予定の確認を数ヶ月前にということもあり得ると思います。我が家ではたいてい、私か妻が「今日の予定を確認するから集まって」と声をかけて、そのときはできるだけテーブルの席に座ってもらうことが多いです。もともと親も子どもも割と出入りの多い家庭なので、帰ってきたときに誰かがいないとか、どこでいつ合流するとか、迎えにいくとか、そういう状況に対処していくべく、必要に迫られて始まった習慣です。

予定と一口に言っても家族全員の予定、ひとりずつの予定、そのいずれでもない男性陣だけとか子どもだけとか、いろいろなパターンがあるはずです。さらに、参加メンバーが定まっていて変更の余地のない予定がある一方で、こちらの意思次第で参加もキャンセルもできるようなパターンもあります。

親族の結婚式や法要のような家族全員参加で確定のような場合には、あまり議論の余地はありませんが、そのほか多くの予定は、一応予定されているけれども変更や修正の余地がある。そういうケースも多いのではないでしょうか。

予定とは言い換えれば、その時間をどう過ごすのか、過ごしたいのかという意思の現れです。2歳とか3歳であれば「公園行きたい」「シャボン玉やりたい」あたりに終始するでしょうが、小学生ともなれば様子はだいぶ異なります。誰それが来るのであれば行きたい（呼びたい）とか、こっちに行きたいけどあっちもいいなとか、帰りに○×△に寄れるのであれば行きたいとか、何かと個別具体的な意見が出てきます。そして、これは子どもたちの興味や個性がダイレクトに出てくるので、親としては最近の彼らを観察できる良い機会です。

どこそこに行こうよと誘えば、つい先日まではほいほいついてきたのに、最近は何だか迷っているぞ。こういうケースも実際に多いです。家族が行動をともにして豊かな時間を過ごすことは、当然ながら、子どもが自立するまでの限られた時間の中では優先度高めです。ですが、行動をともにできても、できなくても、そのやり取りを通じて彼らの状態や興味の対象を把握すること。その結果として、できるだけ良い形で適切に導いていくこと。それも大切です。

ちなみに我が家では、家族の誰かの誕生日が近づいたとき、「誕生日プレゼントに何が欲しいか」よりも「誕生日をどう過ごしたいか」に焦点を当てています。それでもやっぱりプレゼントの話を始めるときもあれば、このレストランで食事をしたいとか、仲の良い友達を呼んで行きたい場所があるとか、いろいろ出てきて面白いです。みんな、毎年変化しますし。

この項を書いている今、私は長男と自転車で佐渡ヶ島を一周する準備を進めています。自転車を整備したり、荷物を積載できるようにアタッチメントを取り付けたり、自転車を持ち運ぶための道具を用意したり、その練習をしたり。なんだかやるべきことがたくさんあります。日程やルートもそろそろ決めなくてはなりません。もともと、春くらいに長男から「夏に四国を自転車で一周しよう」と提案を受けたのがきっかけで、何それ最高じゃんと思ってその場でＯＫしたのですが、調べてみると四国は1周1000キロメートル以上もあるではないですか。そこで相談の結果、まずは一周200キロでちょうど良さそうな佐渡ヶ島に行ってみようということになったのです。普段は、そして子どもが小さな頃は、予定と言えばたいてい親側からの呼びかけでしたが、彼らが大きくなるにしたがって、子ども発の予定の提案も増えてきます。それもまた悪くないものです。

## けんかの火種に名前をつける

### ちなみに我が家は「ウルトラソウル」

小学生同士ともなると、これまでのおもちゃを取った・取られたのようなことから、けんかの発端も展開も変わってくるものです。長男がドアを開け放しであることを次男が指摘する。次男がゲームの時間を超過していることを長男が指摘する。その指摘を受けて「そんなこと言うならそっちだって」と応酬し、事が大きくなる。一般的にはわかりませんが、少なくとも我が家ではこういうシーンが割と多く見られます。

一度、それがきっかけで大きなけんかに発展したことがあり、もちろんその時、事態の収束を図るべく時間をかけて話し合いを行いました。20～30分も話せばお互い気持ちも落ち着き、それぞれ反省すべき点があったことも受け入れられるようになる。そして互いに謝る。ですが、こちらの気持ちは落ち着きません。またすぐ似たような原因で同じようなトラブルが起きないとも限りませんし、そうなると、また骨が折れます。

何か再発の確率を下げられるようなアイデアはないか。そこで試してみたのが「けんかの火種に名前をつける」です。たとえば「兄弟同士の挙動を指摘し合うこと」に名前をつけて、今後その兆しが見られたら、その名前を呼び合うことで注意を与え合う。ちなみに私たちの場合は、これを次男の発案でウルトラソウルと呼ぶことにしました。正直言うとイマイチな名前だと思っています。ですが以前のトラブル時、おおむね収束してみんな笑顔になって、では戒めのためにこれを名づけようとなった際に次男が出してきたアイデアなので即採用としました。

似たようなトラブルはその後も起きています。ですが、そんなとき「それ、ウルトラソウルじゃない？」と言うことで我に返り、ある程度の抑制が効いているように見えるので、一定の効果はありそうです。

# 悪役を演じて盛り上げる

長男小6、次男小3のときのことです。男3人で北海道旅行に出かけました。飛行機で釧路まで行き、現地でキャンピングカーをレンタル。釧路から根室、中標津を越えて知床で熊を見て網走までずっと海沿いを走り続け、最後は屈斜路湖を通って釧路まで南下して戻ってくるという1週間の車旅です。結果としてはとても楽しい旅になり、私にとって最高の思い出です。子どもにとっても同様であることを願うばかりですが、その旅の中で私と子どもたちのあいだに小さな争いが起きました。そのときに私が口にしたセリフが、旅から半年そして1年以上経過した今も、時たま話題にのぼります。当時は必死でしたが今となっては笑いのネタで、なかなか示唆的な気もするので、そのエピソードを紹介します。

美幌峠という眺めの良い峠で景色を見ようと立ち寄ったのですが、峠の下から吹き上げる強風で子どもたちはテンション低め。肌寒いから行きたくないと言うので、せっかくここまで来ているのに何言ってるの？とすこしイラついて私が口にしたのが「こんなんで寒いのかぁ〜？」。すこし口論の末、やっとのことで峠に向かう階段を上りはじめたところで今度は次男がコケる。ケガしたわけでもないのに「痛くて歩けない」と言うのでさらに私がイラついて言ったのが「そんなんで痛いのかぁ〜？」。

この北海道旅行から、もう1年近く経過しています。ですがいまだにこれを、兄弟そろって茶化してくるのです。それくらい印象に残ってしまったのでしょうか。ポイントは兄弟〝そろって〟というところで、こうして私がふたりの共通の敵（？）となっているとき、ふたりは結託し、固いきずなで結ばれた仲間のように振る舞います。それが親である私としては、おかしく、そして微笑ましく思えます。

兄弟というのはけんかをするものです。それは止められない。ですがやはり、仲良くしている場面もあったほうが良いでしょうし、そんな平穏な時間は親としてものんびり過ごすことができます。そこで、親が自ら仮想敵を演じるのです。これが有効である理由はおそらく2つあって、１つは共通の敵が現れることで仲間意識が芽生えること。もう1つは、それが普段は自分たちにあーだこーだ言ってくる親であり、逆襲できる貴重な機会であること。今回のケースは狙ってやったわけではありませんが、結果としてはそういう構図になっています。こういうときは、もちろん、言いたい放題言わせておいて、一緒にケラケラ笑えば良いのだと思います。

昔、大学のサークルの宴会時に「逆転ゲーム」なるものがありました。普段は割と上下関係が厳しくても、その時間だけは先輩と後輩が逆転する。ですがゲームだからと思ってルール通り逆転していると、急に怒り出す先輩がいたりしましたが、あんなのは最悪です。

せっかく仲良く結託しているのですから、こちらはとことん悪役を演じ、ふたりのグルーヴ感を盛り上げられるだけ盛り上げます。

似たような場面はほかにもあって、私がよく子どもたちに言う「君たちの出したものを片づけてくれ」「電気を消してきてくれ」も、最近よく、彼らが私の口真似をしながら茶化してきますし、妻も別の形で標的にされているようです。これもまた一興。成長の一環と思い、皆で笑い飛ばしていこうではありませんか。

# 兄弟ふたり遠足

子どもが春とか夏の長期休暇で、友達と遊ぶ予定も特にない。けれど親も仕事でどうしよう。そんなシーンは少なくないと思います。私の会社は子連れでの出社を創業初期の頃から受け入れていて、私自身もよく連れて行ったりしていたものですが、まだ一般的ではありません。我が家で何度かやって良かったのは兄弟ふたりで遠足に行かせることです。小学校も中学年ともなると、兄弟だけで行動できる範囲がぐっと広がってきます。子どもだけでお出かけをさせることに対する考え方は家庭ごと、そして年齢ごとで異なると思いますが、我が家では長男3年生、次男は保育園児の頃から始めていました。もちろん、最初は電車とかではなく、まずはリュックに飲み物やおやつを詰め込んで、ふたりで近所の公園や友だちの家に遊びに行って帰ってくるところから。近場のスーパーに買い物に行ってきてもらうのも良いアイデアだと思います。そんなことが簡単にできるお兄さんになってしまったら、それはもう単なるおつかいですが、まだ幼く不慣れなうちは、どんな内容であったとしても、それは立派な遠足だと思うのです（すこし話がそれますが、キャッチボールなどでもいきなり距離をとった状態で始めると、投げるのも受け取るのもうまくいきません。ですが、はじめはふたりの間隔を30センチとか50センチとか、それくらいの距離にしてすこしずつ離れていくと、案外スムーズにいくこともあるので試してみてください）。

最近の例ですと、小学6年生の長男と3年生の次男ふたりが、自宅のある逗子から横浜のみなとみらいまで遠足に行きました。みなとみらいに新たに整備されたロープウェイに乗って、カップヌードルミュージアムに行く。確かそんなプランだったと思います。ですが、プランはあくまでもプラン。当然思い通りにはいきません。まず、規則でロープウェイは小学生だけでは乗れない。そしてカップヌードルミュージアムも休館。企画倒れもいいとこです。ですが目的地までは歩いて行ったようですし、カップヌードルミュージアムの代わりに付近のテーマパークで食事したり遊んだり、楽しく過ごしたようです。帰宅後、いろいろと大変だったその日のドタバタを笑顔で振り返りながら話してくれたのがとても印象的で、多分とても良い1日を過ごせたのだろうなと感じたことを覚えています。

ちなみにタイトルを「兄弟ふたり遠足」としていますが、ひとりっこだったとしても、仲良しの友達（の親）に相談・提案したりするのも面白いと思います。

## お昼は弁当を買ってくるか、どこかで食べておいで

ふたり遠足の変形パターンで、ふたりで食事に行かせたりするのも良いかもしれません。内容や行き先にかかわらず、子どもだけである程度のことができるようになると、大人はもちろん楽ですし、子どもの自立や自尊心の醸成にもつながるのではないでしょうか。子どもひとりで出かけることが許されていないアメリカなどでは、こうはいきません。割と平和で安全な日本ならではの育児の仕方ということもできそうです。

我が家では日頃から、家族で一緒に食事をする機会はできるだけとるようにしています。5人いるので、ひとりとかふたりが欠けてしまうことも少なくありませんが、できる限り、皆で。週7日のうち全員がそろうのは、朝が4～5日、昼は1～2日、夜も3～4日ほど。多いか少ないかわかりませんが、その程度です。自分自身の感覚としては、割と一緒に食事をする時間は取れているように思うので、その

分、予定が合わないときや忙しいときには無理しません。

とくに工夫が必要だなと感じたのは、学校の長期休暇や、年度始めや休暇明けの1週間くらい給食がない日のお昼ご飯です。用意する余裕のないときは子どもにお小遣いを渡して、ランチは好きにしなと伝えて家を出てしまうこともあります。そうすると、友人が営んでいるおにぎり屋さんで適当におにぎりをいくつか買ってきて食べたり、スーパーにお弁当を買いに行ったりすることもあれば、兄弟ふたり（または友達も合流して）で近所に食べに行くこともあるようです。食べに行く場合は、たいてい回転寿司と相場が決まっているのですが。

渡したお金のお釣りを返してもらうときに、何を食べたのか軽く聞いたりはしますが、「好きにしな」と伝えた以上、あまりあーだこーだ言うことは避けるようにしています。

この流れの延長で、今この原稿を書いている2023年のゴールデンウイーク明けは、長男を置いて家族の残りメンバーで丸2日、出かけることになりました。用事があるので蓼科まで泊まりで行くのですが、中学での新生活が楽しすぎる長男は学校を休みたくない。普段なら多少の相談をするところですが、「僕は休まないよ」

という迷いなき意思を示され、交渉することを諦めました。1日目出発は早く、翌日の帰りも遅くなりそうです。でもまあ、寝て食べて出かけて帰ってきてくれてさえいれば、何でもオッケーです。長男も、そんな初めての経験に興奮している様子で、これもまた良い機会ではないかなと思っているところです。

後日追記：結局この日は、学校で仲良くなった友だちが自宅に泊まりに来てくれたようです。大雨で電車が遅れ、びしょ濡れ、くたくたになって帰宅したので、すこしゲームをやってすぐに眠ってしまったようですが。家族が不在の友だちの家に泊まりに行く。そんな遊びに付き合ってくれた友人や、そのご家族に感謝です。

# 自分から距離を置く

　コロナ禍で、子どもが家にいつつ私も在宅勤務という過ごし方を初めて経験しました。そこで強く意識するようになったのが、親と子の物理的な距離感です。同じ家、同じ部屋、同じ空間にいると、誰であっても相手の言動が気になるものです。それが他人ならまだしも、自分の子どもであれば「こうしてほしい」「それはやめてほしい」などいろいろ込み上げてきて言ってしまう。あーだこーだ言うと煙たがられて、子どものほうは聞き流すようになってしまう。聞き流されるので、何とか伝えようと、より強度をあげて言ってしまう。子どもがいれば、こんな経験は誰しも思い当たることがあるはずです。もちろん私もたくさんあります。

　言うまでもありませんが、子どもの行動や生活は突っ込みどころ満載です。食べかすをこぼす、脱ぎっぱなしにする、手を洗わない、鼻をほじくる、YouTubeもゲームも長すぎる。高学年にもなれば、親や大人に聞かれたくないひそひそ話もいろいろと出てくることでしょう。突っ込みどころ満載どころか、突っ込みどころしかないと言っても過言ではありません。ですが子どもとはそういうものです。もし逆に、突っ込みどころが全くない、完全無欠の子どもがいたらどうでしょう。まるでロボットのようにすべてを完璧にこなす、生身の人間。生身の子ども。ちょっとホラーです。ですが大人としては、そういった子どもの突っ込みどころが、やはり気になる。これもまた、そういうものです。食べかすは落ちていないほうが良いですし、鼻をほじくった手でそこかしこを触ってほしくはありません。目の前でボロボロこぼしながら食べている子どもがいたら、注意をするなと言われても難しい。だから距離を置くのが良いのです。すこし目が届かないくらいの距離感が取れていれば、そこでどんなに子どもが突っ込みどころ満載の行動を連発していたって、気にしようがありません。結果としてすこしくらい床に食べかすが転がっていても、きっと親は気づかないでしょう。まさに、知らぬが仏。子どもは気兼ねなく自由時間を過ごし、親も余計なストレスを感じることなく平常運転。それが一番ではないでしょうか。

心理学や教育の分野で数多くの業績を残された河合隼雄さんは、著書の中でよく

「子どもと悪」について言及されています。子どものいたずらや悪事は成長の過程で必要なもの、まさに必要悪ですと。放って置きすぎるのはよろしくない、けれど目が届きすぎるのも問題で、微妙な塩梅が大事であるというのが私なりの理解です。在宅勤務はこの塩梅を崩しかねない。つまり目が届きすぎてしまうことで、子どもにとって本来必要な悪事の余裕さえも奪ってしまいかねないと思うのです。

ですので私は在宅勤務の際、子どもが学校に行っているあいだは家で仕事をすることも少なくありませんが、彼らが帰宅後は外出してしまいます。彼らとあえて距離を取り、突っ込まなくて良い状態をつくるためですが、これは彼らのためであると同時に自分のためでもあります。日常的にハグはする。けれどほどよく距離も取る。いったりきたりが大事なのかなと思います。

# 満足の5分間

子どもの感じている時間の感覚は大人のそれとは大幅に違うなと感じることが少なくありません。どこかで待ち合わせなどする際も、ある程度の回数をこなさないと「時間に間に合わせる」「遅れている」などという感覚は生まれてきません。それを逆手に取って、子どもから「遊ぼう」と提案を受けたとき、忙しくて5分くらいしか時間が取れなかったとしても相手してあげてみることをおすすめします。

今だと在宅勤務の日などで、学校から帰ってきた子どもにすかさず「サッカーしよう」と声をかけられたりします。仕事の合間だから相手をしてあげられるとしても5分か10分。大人の感覚だと、つまりそれはNOだと思い込んでしまいそうですが、子どもにとっては5分でも割と満足してくれることも少なくないというのが私の印象です。休日だって同じです。5分でいいから相手してあげる。それだけで子どもは喜んでくれることがよくあります。もちろん「もっともっと」となることもありますが。ただ、子どもの時間感覚が大人のそれと大きく異なることは確実です。たった5分でも立派な予定、楽しい思い出になるというのは最近話題のタイム・パフォーマンスの観点からも悪い話じゃないと思います。

ちなみに、これを逆手にとって、こちらから5分だけ一緒に過ごすことを提案することも少なくありません。暑い時期ですと「アイス買いに行こうか」が多く、週に1度か2週に1度くらいは、そんなふうに声をかけている気がします。家から歩いて1分のミニスーパーまで一緒に行って、アイスの冷凍庫をのぞきながらどれにしようか迷って、店主のおじさんとすこし話して帰ってくる。そして帰ってきたら一緒に食べる。たったそれだけ。発案から終了まで、文字通り5分とか、長くても10分。ですが私にとってはかけがえのない大切な時間です。

# 意図なしクイズ

「世界一高い山はエベレストではありません。それはどこにあるでしょう。そしてなぜでしょう」

これは実際に長男と次男、それぞれ別の機会に投げかけた質問です。長男はこの話を知っていて、みごと正解。次男はこちらがだいぶ誘導して、答えが出てくるまでに5分ほどかかりました。

私の子どもたちはこの類の「意外な事実」クイズが好きなので、飲食店で注文後に食事が出てくるのを待つときや、車に乗っているときなど、よく出題しています。これも前項に引き続き、5分の魅力的な使い方として私の定番になっています。クイズの内容もさまざまで、「宇宙でいちばん速いのは光ですが、どれくらい早いでしょうか」とか、「セブンイレブンの看板には〝7&i〟と書いてあるけど、ではこの〝7〟の後に続く〝i〟とは何でしょう」みたいな具合です。

別にテストに出るからでも、地理にくわしくなってほしいからでもなく、1つひとつのクイズに特に意図はありません。ただ、こんな話を日常的にしていると、どこかで点と点がつながっていろんなことに興味を抱きはじめる、そういうタイミングがやってくるのではないかと信じています。

時おり、ネタを仕入れるために私がやっているのは、ごくごく簡単な物理の本にざっと目を通してみることです。数字や数式などが出てこない、一般の人向けに書かれたもので十分。見慣れた自然現象や技術がどんな原理で動いているのか。その世界は常に発見や驚きに満ちあふれているので、きっと子どもたちも喜んでくれることと思います。池内了氏の『科学は、どこまで進化しているか』、大河内直彦氏の『「地球のからくり」に挑む』、リチャード・ムラー氏の『サイエンス入門Ⅰ、Ⅱ』あたりは特におすすめです。

ちなみに冒頭のクイズの答えはハワイのマウナケアです。富士山より高く大きな山ですが、実際には山底が海底にあり、そこから測ると高さは1万メートルを超えるとか。エベレストよりも高いというので驚きです。

必ずしも本を読んだり準備が必要ではありません。堅苦しく考えるのはやめて、日常生活を送っている中で知ったことや驚いたことをクイズ形式にアレンジして問いかけてみると、それだけで子どもの反応は変わってくるように思います。

# 最近の面白動画タイム

もう1つ、5分の使い方を紹介したいと思います。クイズは特に脈絡を必要としていませんでしたが、こちらは興味を抱いたことを深掘りしたり、その対象をすこしずつ広げていったりするためという位置づけです。

こうしたことの手段として、やはり映像は最高です。もちろん、その事実はデジタル・ネイティブである子どもたちはよく知っていますし、むしろ私たちよりも、くわしいかもしれません。ですがＹｏｕＴｕｂｅをはじめとするインターネット上の映像メディアは、視聴履歴にもとづく別の動画は無限に提案してくれるものの、履歴にもとづかない新たな興味や関心をもたらしてくれる可能性は低そうです。

そこで私がよく使うのはＸ（旧ツイッター）のｌｉｋｅ（♡）機能です。そもそも自分自身が情報の収集・発信手段としてＸ（旧ツイッター）を見る機会が多いので、その中で自分が面白いなと思った投稿に加え、これは子どもに見せたら良さそうだと思う投稿にもせっせとｌｉｋｅをしていきます。子どもにシェアしたいなと思う投稿は数十秒から1〜2分くらいの映像が中心で、ジャンルはニュースやスポーツもあれば、ひたすらおバカで笑える映像など幅広めです。最近、ネット上の面白映像をまとめて紹介するテレビ番組も多いように思いますが、あれに近いかもしれません。テレビ局ではなく家庭の番組プロデューサーというイメージでしょうか。

これを1〜2週間くらいためておき、たまに一緒にまとめて見るのです。これは単純に一緒に電車に乗っている際の暇つぶしとしても有効ですし、狙い通り「おー、すごい！」と何度も見返すような映像が出てくることもよくあります。動画視聴は、家庭の方針にもよるかと思いますが、それらを完全に避けて生活していくことは難しい。であれば、その前提を受け入れた上で、部分的にでも構わないから自分が番組プロデューサーとなって、自分なりの方法で世界の広さや面白さを伝えてあげる。そういうアプローチも悪くないのではと思うのです。

# 朝、一緒に家を出る

駅まで一緒に行きたい。朝出かけるとき、子どもから声をかけられることがあります。子どもたちの通う小学校と、私が普段利用している駅は近くにあるので、途中まで一緒に歩いて行こうという提案です。

私は朝型なので、オフィスに行く日の朝は早く出ることが多いですし、駅までは基本的に自転車で向かいます。タイミングが合わず「ごめん今日は無理だ」と伝えることも少なくないのですが、冷静に考えると、子どもと一緒に通勤・通学できるのは奇跡みたいな話です。

保育園の時期は「一緒に行く」というよりは送迎ですし、逆に中学生になればもう、一緒に行きたいなんてなかなか言ってくれない。さらに天気が良い日であることや、親子が同じ時間帯に出発する日であることなど条件を考えると、チャンスはとても限られていることに気づきます。

そうとなれば、楽しまなくては。そう思い編み出したのが自転車に乗る私が彼のカバンを持ち、彼は手ぶらで走るというスタイルです。私としては乗りたい電車の時刻があって、帰りはそのままプールにも行きたいから自転車は譲れない。でも小学生の通学は徒歩……という条件をクリアするアイデアです。自転車のスピードをゆるめて、ジョギングみたいにゆっくり走ればお話することもできます。

今は主に、次男と朝一緒に家を出てこのスタイルで駅・学校に向かうことが多いです。走りながらのお喋りなので他愛もない話が多めですが、すこし息を切らしながらケラケラ笑って自転車についてくる彼の姿が大好きです。たったの5分ですが、本当に奇跡みたいな時間だと思います。

# 揺らぎ登校

学校に行きたくない。子どもがそんな風に言い出したとしても、別に不思議ではありません。

学校は、生きていく上でのベースとなる知識やスキルの獲得に加え、集団生活を通じた社会性を身につける場所としてとても効率的です。一方でその基本的な運営形態は戦前や戦後から大きく変わっておらず、この10年ほど続く不登校の増加の一因となっているように思います。

とはいえ、学校に急速な変化を求めるのも違うと感じます。教育のインフラを担う学校の運営体制がどんどん変わってしまっては、それこそ社会は混乱するでしょうから、基本的にはゆっくり変化していく。そういうものだと思います。ただ、学校の変化よりも子どもたちの環境や考え方の変化のほうが激しい。両者の変化の葛藤が、不登校という形で表出しているのではないでしょうか。

不登校児童生徒は、病気や経済的事情以外で年30日以上の欠席をしている子たちを指しますが、その手前の「学校に行きたくない」は、それこそ星の数ほどあるのでしょう。我が家にも幾度もありました。ですが幾度と書いたように、それはある種の揺らぎのようなもので、子どもの体調や気分によるものもあれば、その日の好きな（嫌いな）授業、あとは担任や教科ごとの先生との相性など理由はさまざまなはずです。

子どもから初めて「学校に行きたくない」と言われたときは、たしか長男が3年生か4年生の頃です。私は小学校を思い切り楽しめたタイプでしたが、妻はその逆で、その話もよく聞いていたので、驚くことはありませんでした。ですが学校に行かないとなると、その時間をどう過ごすか、それはすぐに差し迫ってくる大事な問題です。なので安易に結論を出さないよう妻と相談しつつ、子どもの様子を観察しながら話を進めていった記憶があります。

しかし「つまらない」という感情が変わらなさそうであれば、それは仕方がない

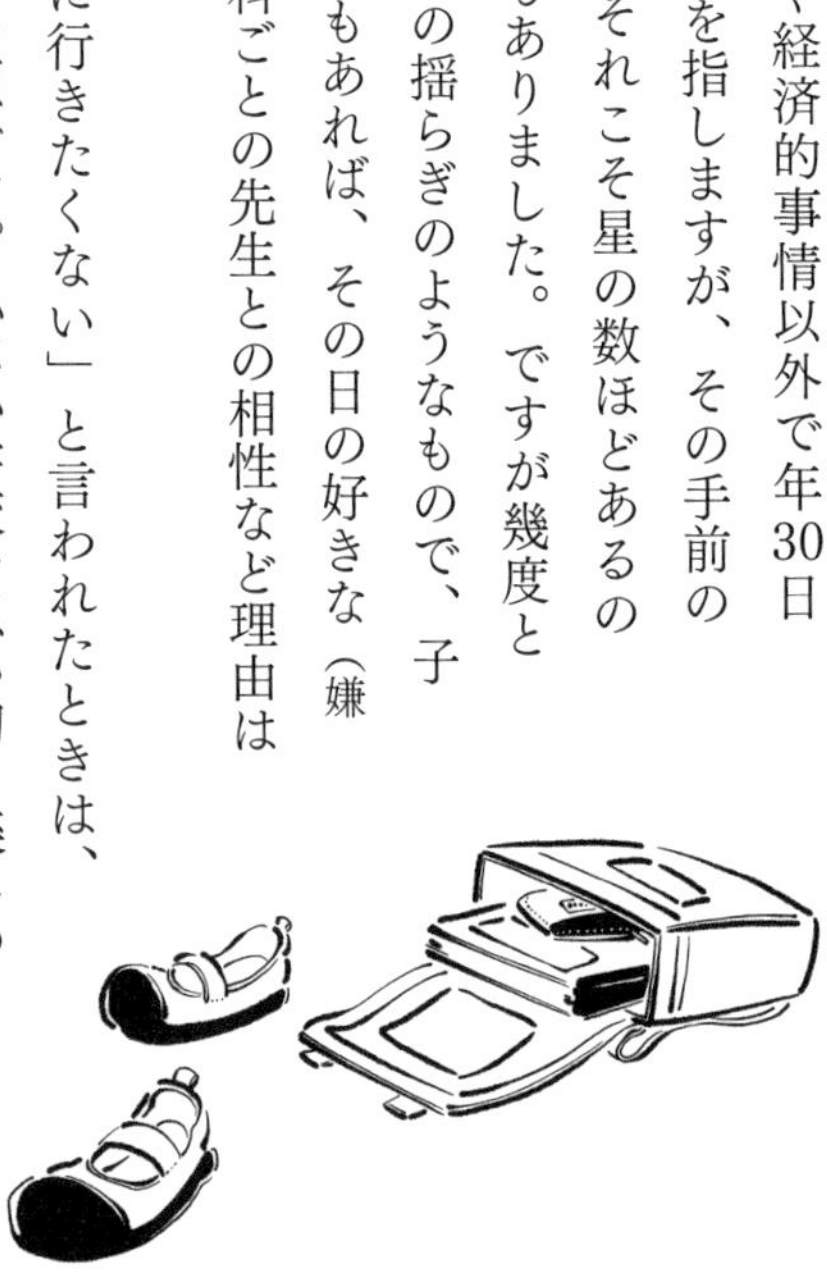

し、ルールだから通いなさいと突っぱねるのも酷だと思います。なるべく会話の時間を確保して、その場で、または1～2週間ほどかけて原因がおぼろげながらもわかってきたら、日によって遅め登校にしてみたり、特定の曜日を休みにしてみたり。週一で近所のフリースクールに通っているような時期もあれば、特定曜日だけ午後から登校するような時期もありました。

平日午前を自宅で過ごす日は、朝出かける前にオリジナルの時間割をつくって、そこに宿題や読書に加えて風呂掃除や海のゴミ拾いを加えたり。それこそ子連れ出勤でオフィスに連れて行ってしまうような日も少なからずありました。ズル休み子連れ出勤。もうメチャクチャです。ですがどれ1つとっても長い間続いたものはなく、とにかくあの手、この手で対処していた印象が残っています。

当時を振り返り1つ言えるのは、学校に行きたくないという子どもの訴えに対応するために、彼らと会話をしたりこちらから提案をしたりする。そういった一連のプロセスの中で、彼らが好むことや避けることの傾向を徐々に把握することができたことは大きな収穫でした。

学校に行きたくない件で会話をするのは、一般的には、親も子もしんどいことだと思われるかもしれません。ですが私は、これこそ良い機会だと思い、学校に行くのかどうか結論を出すことよりも、対話そのものに意味を見出すようにしていました。たとえば学校に行きたくないという意思表明をできることは素晴らしいことだと思うので、まずは、その点を十分に伝えます。一方で、すんなり全部お休みにしたら毎日をどう過ごすのか。それは大人にだって難しいことなのだから、いきなり全部を休みにしないほうが良い理由なども、できる限り丁寧に伝えます。そのあたりの認識を合わせた上で、どうすべきか。結論よりも対話が大事というのは、そういうことだと思います。こんな話し合いを、長男と次男、それぞれ何度もしたことがあるので、その時々の結論は正直よく覚えていません。ですがかみくだいて説明すれば、1つひとつの話は納得してもらえていたように思います。まだ幼いからといって子ども扱いせず、表現だけは易しくしつつ、大人に話すように伝えれば良いのだと思います。

# 練習でも試合でもないサッカー

好きで始めたはずの習い事でも「行きたくない」になることがありました。

今はサッカーが大好きな次男。ですがこの状態になる前、3年生の前半くらいでしょうか、所属していたチームの練習や試合に行くことを避けるようになり、半年ほどチームからもサッカーからも離れている時期がありました。

体を動かすのが好きな彼だし、言動を見ている限りサッカーへの興味が薄れたとか、チームや友達・コーチなどとの関係に問題があるようにも見えません。けれど無理矢理行かせるようなことはしたくない。そんな状態の中で1か月くらい観察を続け、妻とも何度か作戦会議をしました。そこで話し合った内容をもとに、当人に対して、お風呂や食事の時間や一緒に車に乗っているときなどに、さりげなく会話を振っていくのがポイントです。そのとき導き出した結論としては、練習や試合がある週末に自宅への来客やお出かけが何かと多く、それらに参加できないことが1

つ大きな原因ではないかということ。

ちょうどこのやり取りをしていた時期の前後、何となく思いつきで近所のフットサルコートを予約しました。大人も子どもも入り混じって、近所の友人や私の仲間など総勢20人ほど集めてやってみようという話になったのです。誘ってみると、次男も乗り気です。もしかしたら練習でも試合でもない、単に遊びの、ただ楽しいだけのサッカーを（家の前とか公園ではなく、人工芝のサッカーコートで！）したかったのかもしれません。

当日はもちろん、大いに盛り上がりました。何よりもうれしかったのは、これを機に次男のサッカー熱は再び盛り上がり、そのままチームに復帰する流れとなったことです。フットサルから数日すぎたとある日に、「やっぱり僕、また元のチームに戻りたい」と唐突に言い出したのがきっかけです。事がうまく運びすぎて私自身も驚いたのですが、狙いすましたわけではなく、ほぼ偶然です。ですので本項のタイトルに書いてある「練習でも試合でもないサッカー」は、次男のリフレッシュのために計画したわけではなく、意図せずそういう形になったというのが正しいですね。

この時期ワールドカップが盛り上がっていたので、日本代表の活躍やメッシ選手の影響を受けたことも大きそうです。

ですがこの経験を通じて、興味の芽が出て茎になり、小さな葉が育つまでは大切に育む必要があるのだなと私自身も大いに学びがありました。「育む」といっても、親があれこれ手を差し伸べることだけでなく、難しいことはいったん忘れて放っておく。そういう「あとは野となれ山となれ」方式も、割と大事なのだと思います。

ちなみに彼は今も時たま、またあの時のように大勢集めてサッカーをしたいと言ってきます。しかも今度はフットサルコートじゃなくて本当のサッカーコートのサイズが良いと。サッカーコートの予約は手間がかかりそうですし10倍くらい疲れそうなので、今のところ受け入れも断りもせず、やんわりと先延ばしし続けているところです。

# 常にハイライト

常にハイライト。

次男の通うサッカークラブの特徴を一言で表現すると、こうなります。観戦でもテレビゲームでもなく、生身の人間がプレーするサッカー。そして試合ではなく練習。それは、ともすればつらく厳しい訓練のような内容にもなり得るはずです。

けれどそのサッカークラブでいつも繰り広げられるのは、試合のハイライトシーンのような場面ばかり。ゴールを目指して競り合っている時間が、練習時間の半分以上なのです。とにかく連携してボールを回してゴールを目指す。ボールがコートから飛び出てしまったら、審判を務めるコーチが別のボールをポーンと蹴り出す。またそこから、次のハイライトが始まる。ひたすらそれの繰り返しです。

きっと疲れるでしょう。でもこれ、楽しくないはずがありません。誰も点数とか気にしない。誰も勝ち負けとか言わない。本当にひとことも言わない。チームのメンバーもコーチも、みんなただただ楽しそう。見ているだけでも面白いので、ラスト30分くらいは私も必ず早めに到着して、見学することにしています。

もちろん基礎練などにも取り組んでいます。でもそれは開始直後のウォーミングアップを兼ねてとか、待ち時間の合間に順に呼ばれてとか、そんな位置づけ。

「楽しくて夢中になれば基礎はある程度身につくし、その時には自ら勝手に取り組むでしょう」

直接聞いたことはありませんが、クラブ側のそんな哲学がビンビン伝わってきます。控えめに言って最高です。整列とか叱責とか細かな規則とか、全くない。けれどそこには独特の秩序があり、調和が生まれています。

指導するのはアルゼンチンの方々で、トップの方はマラドーナともプレイしたことのある代表選手だったとか。くわしくは知りませんが、とにかく見慣れたクラブ活動やスポーツスクールとは根本的に異なるその風景に、いつも心打たれます。サッカーという競技こそ同じだけれど、完全なる別物。

これも私の勘ぐりですが、彼らにとってリフティングとかパス練はサッカーと思っていない可能性すらある気がしています。なぜなら例のハイライトの時間が始まる際、コーチは「さぁサッカーしよう！」と声をかけるから。え、それまでの練習時間はサッカーじゃなかったの？真相は不明ですが、可能性はあります。

そう、今回の「常にハイライト」は私ではなく、このクラブのコーチの取り組みですが、とても感銘を受けたので1つの項目にさせてもらいました。

河合隼雄さんも著書の中で、とある京都の中学校の教師がいじめ対策として、休み時間と放課後にバレーボールの練習を始めたケースを紹介していました。* ありあまるエネルギーを形あるものにするためというのが、その狙いだったようです。バレーボールが得意だったその教師がうまいのは、まず「アタックからはじめた」ところだったと言います。基礎練では誰もついてこないが、バレーボールのハイライトであるアタックから始めると、子どもたちが喜んで乗ってくる。それに人間はある程度攻撃性を出すことが大事だが、それもアタックで叶えることができたというのです。

私は小さい頃から習っていたテニスを高校でも続けたかったけれど、入学直後に鬼の走り込み訓練があるテニス部には、自分の性格的におそらく馴染めないだろうと思い断念した過去があります。それだけに、ここで紹介したような「常にハイライト」はとても羨ましい。指導法にはいろんな考えや賛否があるのでしょうが、低年齢であるほど「常にハイライト」で良いのでは？などと思うのでした。

＊河合隼雄（２０１３）『子どもと悪』、岩波書店Ｐ．１９４

## 「宿題終わってない」を役立てる

宿題について思うこと。それは子どもも大人もそれぞれでしょう。特に大人は、子ども時代の思い出と親になってからの気持ちがブレンドされて、一言で表現できないかもしれません。

効果はさておき、宿題の目的は学力をつけることや学習の習慣をつくることのはず。学習や習慣づくりにゴールはないので、その目的に沿っていればおおむねオッケーというのが私の理解です。ですが子どもはそんな風に捉えることができません。前日の夜までに宿題を終えられていればいいのですが、スムーズにいかないことや忘れてしまうことだってあるはずです。そういうものです。

そんなとき、当然のことながら「終えるべきことが終わっていない」状態で朝を迎えることになります。たいして気にせず登校するようであればそれで構わないと思いますが、中には、ちょっと気まずい、お腹いたい、休みたいとなる子がいても不思議ではありません。

我が家では次男が、４年生の頃から宿題が終わっていない朝に様子がおかしくなることが多くありました。長男のときにはなかった姿に、当初は対応に困りましたが、問題の解消につながったやり取りを振り返ってまとめてみます。

まずは１～２分で十分なので、落ち着いて話し合い。すこし遅刻してでも宿題を終えてから登校したい、そういう意思を本人がはっきり示せば、そうさせるのが良さそうです。どんな状況、どんな内容でも、自分の意思をしっかり表明できること。これは大切ですし、その態度は尊重したいところです。学校にもよるでしょうが、遅刻や欠席の連絡はアプリでピピっとできたりするので便利なものです。

別のパターンだと、始業時刻が迫っているので、終わってないけど学校に向かわせる。それもアリだと思います。ただ、そのときも強引に送り出してしまうよりは、宿題が終わっていないことはそんなに大きな問題ではないし、恐れるようなことではないと丁寧に伝えてあげると、子どもは少なからず安心してくれたように感じます。その上で、終えられなかった理由があるならそれを先生に説明すること、残った分を済ませたほうが良いのであれば、その期日を自分から宣言することを促すようにしました。こうすることで、家を出る際は心配そうな顔つきだったのに、帰ってきたらケロッとした顔で「全然大丈夫だった」と返してくることが大半でした。

自分の状況を伝えて、先生と言葉を交わして合意すること。宿題を終えられていないというピンチも、適切な判断やコミュニケーションで乗り切れること。そういった経験やスキルは、それこそ学校で身につけるにふさわしいものですし、宿題に勝るとも劣らない価値があると思います。

ちなみに長男も学校を休みがちではありましたが、宿題が理由で休みたい、遅刻して行きたいということはありませんでした。だからといって問題がなかったわけではありません。特に6年生の頃、毎日スムーズに終えていると思っていた宿題が半分以上、提出されていないことがわかりました。自宅で宿題に取り組んでいる姿をほぼ見かけないことには気づいていたのですが、当人の、学校の授業の余った時間に全部終わらせているという主張を鵜呑みにしていました。ですが私も、その後どのくらい改善したのかあまりきちんと把握していません。まあ、良いじゃありませんか。「きちんとする」ことよりも、しかるべき実力やスキルが身につきさえすれば、それでいいと思うのです。

# 秘策・ファミレス弁当

お弁当の日。それは突然やってきます。運動会のような割と大きな行事であれば備えができるのですが、ちょっとした遠足などの情報は、日常の忙しさの中にかき消されてしまいます。そんな弁当発覚の朝。妻がいれば安心です。冷蔵庫や物置からつぎつぎと食材が取り出され、またたく間に調理が進みます。できあがった料理が弁当箱につめられ、ギリギリセーフ。毎度あっぱれで、頭が上がりません。

しかし妻がいないとどうなるか。普段、食事や弁当の準備を妻に任せきりにしている（そして妻が不在のときはほぼ外食で済ませてしまう）習慣のツケが、こういうときに回ってきます。前日夜までにわかっていれば、妻の5倍ほどの時間をかけて何とか準備できるのですが、あるとき、当日朝に弁当が必要であることが発覚し、かつ妻が不在というケースがありました。すこし考え、向かった先は近所のファミレス。幸い朝早めに起きていたので、子どもと朝食を取り、1つ多めにオーダー。持参していた弁当箱に余分の一食分を詰め込み弁当完成です。だいぶ昔のことなのでうろ覚えですが、子どもが妙に喜んでいたことと、思いのほか時間に余裕が生まれてピンチがチャンス（?）に一転した印象が残っています。

私はよく、子どもに「準備しよう」「余裕をもとう」と声をかけます。登校前でも、行事の際でも、直前やその道中で同じ時間を過ごすのであれば「間に合うかな、大丈夫かな」という慌てた気持ちではなく、余裕のある心持ちで、大事なことに意識を向けてほしい。またはぼんやりいろんな空想をしてほしい。そう思うからです。

ですが子どもとの生活では、どうしても想定外が生まれがち。であればそういうものだと割り切って、ちゃんとしすぎないのが良いのではないか。そんなふうにも思っています。○△×の中の○は諦めて、△を狙いにいくようなイメージです。

自分で背負いきれず△ですら怪しいときは、家族に、子どもに、または親戚や隣人や外部のサービスに、甘えてしまう。これは迷惑なんかではなく当たり前のことですが、それができるとできないとでは大きな差があると思います。本当は頼みたい、けれどやっぱり頼みづらい。そういう方にはファミレス弁当、おすすめです。すこしコストはかかりますが、ワンオペ時にはお金で時間を買っていきましょう。

（編注：ファミリーレストランでの持ち帰りの可否や条件は店舗ごとに異なります）

# お店の人に頼んでもらう

　家族そろって外食をする機会。その行き先や頻度は家庭によると思いますが、この時間は食事や会話を楽しみながら親が子どもを観察し、今の子どもの成長度合いを確認したり大切なことを伝えたりするのに向いていると思います。

　外にいると、家の中ではわからなかったことが見えてきたりするものです。たとえば食事のときの姿勢とか食べ方。もちろん家でも必要だと思うことは指摘したり伝えたりしますが、レストランのような、周囲で見知らぬ人たちも食事をしている環境ですと、いつものことで見慣れてしまっていたけれど、実はおかしな子どもの(そして自分の)振る舞いに気づくことがあります。フランス料理のお作法みたいな小難しい話ではなく、スパゲティをズルズルと音を立てて食べないとか食事中に立ち歩かないとか、そういうレベルの話です。

　環境が違えば子どもも受け入れてくれやすいように思います。周りの人の振る舞いが見えることで、彼らの頭の中に新たな「当たり前」が形づくられるからでしょうか。すべてを自分の手で、自宅でというのは大変なので、外側の環境を利用して子どもの理解を促すことは割と効率的です。

レストランという環境を利用できるのは、食事中の振る舞いに関することだけではありません。基本的な振る舞いができてきたら、じょじょに、お店の方とのやり取りを子どもにさせていくのも効果的だと思います。

水を足してもらう。フォークやお箸を落としてしまったので新しいものを持ってきてもらう。お手洗いの場所を聞く。慣れてしまえばなんてことないですが、いつもは無意識のうちに親がしてあげてしまっていることなので、実は子どもにとっては立派なチャレンジです。

実際に、はじめのうちはすこしとまどったりモジモジしたりもしますが、それは成長をもたらす背伸びのチャンスにほかなりません。すこし背中を押してあげて、うまくできたら褒めてあげる。もちろん高学年くらいになれば、敬語をはじめ細かな言葉遣いの間違いや違和感などを伝えていくこともできそうです。何年生くらいで、どれくらいのことができるか。これは個人差が大きいと思うので、ここで目安を示すことはしません。たとえば我が家では、つい最近までは「お水ください」を躊躇していたかと思ったら、その2～3か月後に同じ店、同じ状況で1階にいるお店の人に自らお願いしに行ったり、そうかと思えば、またその2～3か月後には注文時に苦手な食材を抜いてもらうよう自分から伝えたり。そういう変化は何度も見てきました。

ちなみに、こんな風にいろいろな場面での「ちょっとしたこと」を早いうちから子どもが自分でできるようになったり、担当してくれたりするようになると、親としては何かと助かります。常に意識を向け、守り、世話をする対象であった子どもが、手間がかからなくなるだけでなく、むしろ逆に、ともに日々のオペレーションを回す仲間になるわけですから。レストランでの話ではありませんが、我が家の場合は3歳の三男がいるので、彼をお世話しながら生活していく中で、上ふたりの兄弟の協力をどれだけ引き出していけるかは大切なポイントです。今のところ、手が離せないときに一緒に遊んでもらうとか、公園に連れて行ってもらうとかはもちろんとして、お風呂とかも上のふたりのいずれかと一緒に入って、体を洗ってすこし遊んで出てきてもらう。こういうことをだいぶお願いできるようになって「世話する側」のメンバーとしてカウントできるので、とても楽をできているなという実感があります。

歴史をひもとけば、10歳未満の子どもが労働力としてカウントされていた時代もありました。その時代に戻る必要はありませんが、私たちが思っている以上に、子どもができることは多くあるはずです。レストランでも自宅でも、すこしずつそういう方向に仕向けていく意識をもっておくと良いのではないでしょうか。

# 1週間待機リスト

これが欲しい、あれが欲しいという話が子どもから出てきたときに、私はよく「1週間待機リスト」を提案しています。

「欲しいものがあったら、まず1週間待ってみよう。1週間後にまだ欲しければ、もう1週間待ってみよう。それでもまだ欲しければ、買うかどうかを真剣に考えよう」

この手を頻繁に使うので「また出た〜」というリアクションをされることも少なくありません。ですが、それで良いのです。

あれがしたい。これが欲しい。大前提として私は、そういう要求の多い子どもは見込みありだと捉えています。子どもは欲望が薄く従順であるよりも、たとえ少々わがままであろうとも自分の感情に正直で、その気持ちを周囲に伝えられる人間であってほしいと思うからです。子どもの側も、すぐにYESとならないことを知っているからこそ、割と気軽に提案を投げてきます。それがまた、面白い。

最近「1週間待機リスト」入りしたものの中に、卓上で遊べるサッカー盤があります。次男が友人の家で遊んで楽しかったということで、一度実物を拝借してきたのです。

それが思いのほか楽しく親子で熱中。白熱しすぎて（借り物なのに）壊してしまいそうな気もしたので、では買おうかという流れでしたが、一旦そこでひと呼吸。よくよく考えると、この類のゲームは家族はもちろん、友人が家に遊びに来たときなど皆で一緒に楽しめるので、君が自分のお金（お年玉など）で買うのもいいし、パパが半額出して皆で遊べるようにするのもいいねと提案。そこでまた、ひと呼吸。今、この状態です。こんな形で、買うか買わないか意思決定を保留されているものが常時いくつかあり、ゆらゆらとアイデアを浮遊させつつ「まだ欲しいのか。本当に欲しいのか」を見極めたりしています。

# 興味の種1つを10の枝にする

新たな要望については、「1週間待機リスト」を活用することが多い一方で、即断で、むしろ親のほうから積極的に叶えていくケースもあります。興味の種を育てることにつながるものは、どんどんやろうというふうに考えています。

繰り返し書いている通り、サッカーが大好きな次男。もちろん自分でプレイするのも、観るのも、サッカーゲームも、どれも大好きです。サッカーゲームとは、スマホやタブレット、またはゲーム端末でプレイできるゲームのこと。私も、次男の働きかけでインストールし、たまに彼と対戦しています。

とあるとき、彼がたまに出場している大会に出場した（させられた）ことがありました。見知らぬ人同士がオンラインで集い、トーナメント形式で戦う大会です。初心者大会とは名ばかりで、皆、おそろしいほど強い。まったく歯が立ちません。そこで彼と相談し、彼が自ら、初心者だけが集う大会を主催してみることにしました。

エントリーの手続きやトーナメント表の作成などはアプリ側でやってくれますが、告知文をつくったり、知り合いに呼びかけたり。準備すべきことはいろいろあります。大会の流れや仕切り方は、参加者の目線ではおおむね理解している彼ですが、いざ自分が仕切る側となると話は違います。過去に参加したことのある大会、その中でアナウンスされていたやり取りなどをアプリの履歴で確認しつつコピーして、自分で一部修正するなど試行錯誤していました。

まず、先行者の真似をしてみる。誰に言われるでもなく、それをスムーズに実践している彼を見て「なかなかやるじゃん」などと内心思ったりしました。もちろん、おかしな文章があれば指摘しますし、アプリの操作なども慣れないところはサポートします。でも、こんな形で興味を軸にして、自分のイメージを実現するために必要事項を学んでいくプロセスは大切にしたいと思います。

今回はゲームの大会を主催するという形でしたが、よくよく考えてみると、サッカーへの関与の仕方とか、サッカーをネタに体験できることは、ほかにもたくさんあります。以下は、すこし振り返って次男や私たちが実践してみた例です。

・サッカーの練習に行ったり試合に出たりする
・早朝や放課後に友達とサッカーして遊ぶ
・テレビやYouTubeでサッカーを観戦する
・スタジアムに観戦に行く
・サッカー盤で遊ぶ（40センチ四方のボードの上で、手動で選手を動かしゴールを狙う、昔ながらの玩具です）
・メッシの絵を描く
・ネイマールの伝記を読む（子ども向けの伝記など、探すと出てきます）
・サッカースクール運営に興味を抱く
・ブラジルやアルゼンチンが好きになる
・サッカーゲームをプレイする
・ゲームの大会に参加したり、主催したりする
・サッカーショップに立ち寄る
・ワールドカップ出場国の場所を地図で調べる
・ネイマールやメッシの莫大な収入を通じてビジネスを学ぶ

・空気が抜けたサッカーボールでドッジボールをする
・スクールに行くためにひとりで電車に乗る

サッカーに限った場合でもアイデアはほかにもありますし、どんなことでもかかわりの広げ方は無数にあるのだと思います。

ちなみにこのとき企画したオンライン大会は、彼や私の友人・仕事仲間を集めて10名ほどのメンバーでの開催となり、当人いわく100点満点の出来で無事終わりました。彼は運営に徹するべくプレイをしていなかったので、やっぱり見ていると自分もプレイしたくなっちゃう点だけが心残りだったようですが、そのほかは概ね想定内に事が運んだと捉えているようです。これが良かったのか、彼にとって良い経験になったかどうかは、現時点では正直わかりません。ですが、少なくとも、相談して企画して、実施してみたのは事実です。内容は何であれ、そういうプロセスを体感することを優先していきたいものです。

とにかく、何か興味の種があれば、それをネタにたくさん動き、遊ぼう!それが本項の提案です。

## お泊まり会

小学3年生とか4年生くらいになると、日中の遊びに加えて、自宅に友達が泊まりにきたり、友達の家に泊まりにいったり、そういう機会が出てくるご家庭も多いのではないでしょうか。「いや、まだそんな話は出てこない」という場合も、それぞれのタイミングがあると思うので焦ったりしないでくださいね。ここで伝えたいのは、お泊まりなんて最高の学びの機会なのだから、どんどん後押ししていくのはいかがでしょうという提案です。

「(友達が)泊まりに来てもいい?」「(友達の家に)泊まりに行きたい」と言われたら、できる限り「もちろんオッケーだよ」と返すようにしています。お泊まり計画も、「1週間待機リスト」の除外項目なのです。

子どもたちにとっていろんな家庭を見たり、自分以外の家族と話したり、どんな風に時間を過ごしているのか体験することは大きな学びです。もしくは自宅に友人を泊まらせるだけでも、いつも一緒に遊んでいる友達の夜寝る前とか朝起きたときの様子とか。きっとそこにも、いろんな発見があるはずです。

そしてこれは、親にとっても気づきが多いです。自宅に子どもの友達が泊まりにくると、遊びにくるだけではわからないいろんなことが見えてきます。お邪魔しますよろしくお願いしますと言って家に入ってくる子がいれば、無言の子もいる。夜寝るときの格好とか食事の様子を観察するのも面白いですし、3歳児の扱いなども人それぞれです。どの子が良い子でどの子は悪い子とか、そういうことではありませんし、そんな余裕もありません。「いろんなタイプの子どもがいる」その当たり前の事実を、身近なところで目視確認することで、改めて自分の子どもの特徴を把握したり、褒めて伸ばす点とか修正すべき点を見つけたりできるように思います。お泊まりの最中、私からは「もうゲームはやめろ」とか「YouTubeばかり見てるんじゃない」と指示が飛ぶのに、泊まりにきてる友人たちが言うことを聞いてくれない。そういうとき、子どもがどう振る舞うかを観察するのも面白かったりします。

ここでおすすめするくらいなので我が家は、長男や次男が友人の家に泊まりにいったり、逆に友達が泊まりにきたりすることが割と多くあります。頻度としては月に1度以上くらいでしょうか。ひとり単位のこともありますが、2～3人がまとめて泊まりに行く（来る）ケースも少なくありません。大勢いるとうるさいですし、多くの場合は夜更かしするので、翌日などはぐだぐだになりがちです。ですがお泊まり最中は子ども同士で仲良く勝手に遊んでくれますし、普段は割と手間のかかる三男も一緒にごちゃ混ぜになって遊んでくれたりするので、意外と親は楽です。食事の準備が大変だと思うかもしれませんが、米を5合くらい炊いて、カレーを大量に（カレーのルー2箱分くらい）つくっておけばいいのです。これで夜と翌日の昼までしのげます。

つい先日は、次男がサッカーの試合の後にチームメートのお宅にお泊まりして、そのまま翌日のサッカーの練習に出かけていきました。夜はお父さんに近所の銭湯に連れて行ってもらい、家で餃子を振る舞ってもらい、さぞ楽しかったようです。こんな経験、最高ではないですか。

ちなみに、こういうお泊まりの機会をつくるためには、親が遠慮しすぎないことも大事なポイントだと思います。割と多いのが、子どもが集まる会合などで「誰々の家に泊まりたい」と要請された親御さんが、ほぼ瞬間的に「迷惑だからダメだよ」と反応してしまうケースです。これが遠慮なのか、何か別の理由があるのかわかりませんが、よく見かけます。これはとっても、もったいない。親が遠慮がちであるゆえに子どもの学びの機会を見逃してしまっているなと感じることが多くあります。

「誰々の家に泊まりたい」は単なるワガママではなく、子どもの魂の叫び。探究心の現れと言っても過言ではないと思うので、ぜひ親としては積極的なアシストを通じて経験を促してあげたいものです。

# かかる時間別「遊びの定番」をつくっておく

子どもとの遊びの型（定番）、手軽に楽しい時間を過ごす型がいくつかあると、便利です。土日に特に予定がない。来客の予定がキャンセルになった。雨で予定が変わってしまった。いろんな理由で、時間がぽっかり空いてしまうことはよくあります。そんなときのために、別に1日とか半日とかでなく、もっとごくごく短時間、たとえば5分とか10分くらいの楽しい過ごし方や、妻（または夫）が不在の際の定番の型をつくっておくのもおすすめです。

新たな興味を探求したり体験したりしに出かけることは、言うまでもなく大事ですし、そのチャレンジを促す上での親の役割の大切さを、本書で訴えているつもりです。ですが子どもとの気持ちいい関係を維持する上で一番大切なのは、何をするかよりも、いかに子どもと一緒に本気で楽しむかだと思います。ささいなことでも本気で遊べば楽しいですし、本当に楽しければ継続化して、定番になります。

本気で遊ぶと言っても良い道具を揃えるとか記録を狙うとか、そういうことではありません。一緒に山や浜を歩くなら、いろんな話をしながら楽しい時間を過ごすとか、ハンデがあってもなくても構わないから10分だけ本気で卓球の勝負をするとか。親も子も心の底から楽しかったなと思うことができれば、それがベストなのだと思います。

以下は我が家（主に私）の子どもとの時間の過ごし方の例です。

◎は兄弟いっぺんに3人でできること、●は長男と（＝高学年向き）、○は次男と（＝低学年でもできる）というかたちで分類しています。

**5～10分**

◎家のテーブルで卓球（ラケットとピンポン玉は家にあります）
○家前でサッカーとかドッジボール
◎歩いて1分のミニスーパーに出かけてお買い物
◎ジェンガとかボードゲーム

**30分～1時間**

●浜を散歩（風呂前に行くことが多いです。スマホを持たずに）

◎近くの山を歩きながら薪集め（ノコギリを持っていき倒木をカットします）

◎サッカーゲームで対戦

●隣の駅の自転車屋まで自転車で行ってすこし物色して、
　帰りがけにデザート

○ラーメンやカレーをつくる

**2～3時間**

◎近所のプールでひと泳ぎ（その後中華料理屋でおやつがわりに餃子を食べるのが定番コース）

◎自転車でひとっ走り（往復20キロくらいであれば割と思いっきで出かけます）
○近くの海でサーフィン

**妻がいない日**

◎キャンピングカーを借りてどこかへ旅行
◎行きつけのレストラン（主にインドカレー屋）で定番のメニューを注文
◎家でカレーをつくるかホットプレートで何か調理して食べる

これは割と最近の例なので、これからもどんどん変わっていくはずですが、キャンピングカーは兄弟の年齢に関係なく長く楽しめるので、特におすすめです。買うのはなかなか覚悟が必要ですし、メンテナンスも大変なので、とりあえずはレンタルで。

家族全員で出かけたこともありますが、いつしかキャンピングカーは妻が長期で不在のときにレンタルする、そういう使い方をするようになりました。いろんなところに行きましたが、釧路で借りて、北海道を1週間ほど巡ってきたのは最高の思い出です。

キャンピングカーと言われても、実際に使ってみないことには、なかなかイメージがわかないでしょうか。何より便利なのは、車を停める場所さえ確保すれば、荷物の移動とかをせずにどこでも1泊できる点です。もちろんキャンプ場を予約しておけば安心ですが、気まぐれで、空いているキャンプ場を探すのも良いでしょう。最近は、車中泊可能な道の駅なども割と整備が進んでいるようです。もちろんすこし飽きてきたら、気分を変えて、キャンピングカーを駐車場に停めてホテルに泊まるのだってオッケーです。すこし贅沢ですが。私の子どもたちは何度も借りてだいぶ慣れているので、乗り込んだら自分たちの好きなように椅子やテーブルをセッティングし、荷物を積み込み、割とサクサク準備を進めてくれます。私は運転専門なので、車内の設備や操作に関しては、彼らのほうがはるかにくわしいです。

もう1つ付け加えると、キャンピングカーでもインドカレー屋でも、出かけた際には写真や（すこし長めの）映像を撮っておきましょう。数秒とか数十秒ではなく、分単位の映像です。1分を超えるとたいてい、子どもはカメラの存在を忘れて意識しなくなるので、ごく自然な状態を映像に収めることができます。その中に、カメラを意識していないからこそ出てくる、（けれど普段はカメラに収めようと思ってもうまくいかない）仕草や言動が含まれていることも少なくありません。しばらく経って、酔っ払った帰り道とか寝る前とか、たまに見返したりすると至福の時間を過ごすことができると思います。

# 今日もオムライスよろしくね

「遊びの定番」のところでも調理が出てきましたが、本人がその気を示しさえすれば、調理をある程度任せてみるのも良いアイデアだと思います。食事の準備の一部を担当してもらうのもありですが、それだとどうしても「上手に、効率的に」こなすことが目的になってしまうので、あくまでも遊びと割り切ってチャレンジさせるのも良さそうです。火の扱いや、特に包丁を使うときなどはドキドキしますよね。我が家の場合は、低学年の頃は子ども用の包丁を使わせていました。サイズが小さくてちょうど良いのですが、安全性を優先してつくられているので切れ味は当然イマイチ。ですので慣れてきたらすぐに、通常の包丁やナイフに移行しました。もちろん最初は見ていてヒヤヒヤするので、危なっかしい動きをしていないか目を離さず見守ります。危ないと思ったら言葉で指示する。けれど手は出さない。必要に応じて実演して見せる。これが正しい指導の仕方なのかわかりませんが、私は（おそらく妻も）こういうスタイルですこしずつ慣らしていきました。

我が家の次男はとにかく食いしんぼうで、とある時期から自ら卵焼きをつくるようになりました。家族のためとかではなく、自分で食べるおやつ用に。お菓子をはじめとする甘いものがあまり好きではないというのが理由のようですが、お腹が空いたときにわざわざ手間をかけて卵焼きを作る。その発想は私にはないので驚きでした。妻はその流れにうまく便乗。チキンライスの作り方などを彼に仕込み、結果として、何となくオムライスが形になりはじめました。

だからといって日常的にキッチンに立つことはありませんが、キャンプに行ったときとか、親戚や知人のお祝いに振る舞うとか、役立つ場面はさまざま。たとえばキャンプだとこうです。キャンピングカーをレンタルして出かけたとき、外で調理することもあればキャンピングカーの室内で簡単に済ませてしまうこともあります。ちなみにオムライスは室内調理用のメニュー。チキンライスはサトウのごはんとケチャップ、それに冷凍野菜と肉を一緒に炒めるだけ。これは長男担当。卵焼き担当は次男。私は運転ご苦労さまということでしばし休憩です。

一時期、長男が魚をさばくことに興味を示したこともありました。週に何度も魚を買ってきては長男がさばいていたので、次の誕生日プレゼントは出刃包丁か。そんな話も出ていましたが、こちらは定着することなく忘れ去られてしまいました。でも、それでいいのです。楽しかったといっても、すべてが習慣として定着するわけではありません。「せっかく上手にできたし、興味もありそうだから」と思っても、押し付けることはせず、次また「やってみたい」となったときに力強くアシストする。子ども目線でも、そのほうが頼れる親に映るのではないでしょうか。

というわけなので、当面はオムライスです。たかがオムライス。されどオムライス。また次の機会を楽しみに待っていようと思います。

第2部

# 20の「話してみた」

## ＯＫ！　今晩くわしく話を聞かせてもらえるかな

子どもは要求の塊です。面と向かって言ってくることもあれば、チャットなどテキスト経由で要求してくることもある。そんなときは、とにかくしばらく間を置くのが効果的だと思います。「1週間待機リスト」は決定を先延ばしする話し合いの提案でしたが、こちらはそうした場を設けるまでの時間稼ぎのための声かけです。

回答がＹＥＳでもＮＯでも即答しない。数時間とか1日とか、すこし時間を置いて話し合いの場を設ける。子どもは思い立てばすぐに提案してくる一方で、たいしたことない話は彼ら自身もすぐ忘れて自然消滅します。ですので、すべてに1つずつ反応する必要はありません。毎回真剣に検討していては、消耗するだけです。一拍置くことで話題の半分は消滅するので、それだけでもこちらはだいぶ楽になります。そういう意味で効率的。冒頭の〝ＯＫ〟は「なるほど」みたいな意味合いで、今こちらの考えはまだ整理する前の段階だけれど、希望はわかった。そんな意味合いを込めての〝ＯＫ〟です。

一拍置くことで子どもの側でもすこし準備をするかもしれませんし（あまり期待できませんが）、それより何より、親側の考えを整理したり夫婦間で話し合いをしたりする余裕が生まれます。そのボーナスタイム中に多少なりとも思考を巡らせておけば、想定されるやり取りとか回答の仕方とかもシミュレーションすることが可能です。

結果として、子どもの希望が叶わなかったとしても納得してもらえる確率は高まるでしょう。カッコいい受け応えができた暁には、それは子から親へのリスペクトにもつながるはずです。

# いいよ。でもこういう条件があるよ／ダメだよ。でもこういう形だとどうかな

いいか、ダメか。もちろん本は読んでいいし、暴力はダメです。

では、制限速度は守るべきか、賞味期限はどうか、宿題が終わらないと遊んではダメか。いいか悪いか断定的には言い切れない。日常はそういう問題であふれていますし、世の中とはそういうものだと思います。白黒はっきりしないことが多い。だからこそ、理想は白か黒なのか、それともその中間なのか。そこを確認しつつ、落とし所を探る。そういうプロセスは重要だと思いますし、子どもとの対話や関係性の中でも有効です。

その考え方を子どもとの会話に取り入れたのが、「いいよ。でもこういう条件があるよ」「ダメだよ。でもこういう形だとどうかな」という表現です。自分を振り返ってみると、こんな風に使っています。

・今日は急すぎるから友達と一緒に食事やお泊まりはできないよ。でも明日（来

週）なら大丈夫だから聞いてみてごらん

・もうすぐ中学生になるしスマホは用意してあげよう。でもゲームのアプリは入れないよ

・サッカーゲームの課金はしないよ。でもサッカーの練習や試合で必要な道具は買ってあげるよ

・今日も学校に遅刻して行くのはやめよう。その代わり朝一緒に行ってあげるよ

・よし、ではこれからサッカーしよう。でも5分だけだよ

・YouTube見てもいいよ。でもひとつだけだよ

低学年でも小学生になれば、物事の理解力はだいぶついているはずです。全面的な「いいよ」「ダメだよ」ではない、条件付きの対話を増やしてみると、その後さらに成長していく上での会話が、よりスムーズになっていくように思います。

## たった100分の1でも悪いことしたなと思う気持ちはないかな

兄弟にはけんかがつきものです。PART1の「けんかの火種に名前をつける」は、平和なときに考えておくけんか対策でしたが、今回は、けんかの後の対応です。

どんなけんかでも、当事者同士が自分に非があったことを認識できさえすれば、もうほとんど解決できたも同然、と私は思っています。そこまで収束させるのは簡単ではありませんが、子どもへの伝え方をいろいろ試した中でたどりついたのが、「100分の1」のイメージです。

車が絡む事故が起きた際、双方の落ち度の割合を「7対3」などと表現することがあるかと思いますが、たとえば一方が他方を殴ったようなケースでも、たいてい双方に非があるものです。「100対0」ということはあまりない。本当に殴ったのであれば、もちろん暴力はいけませんが。けれど殴られたほうも、何かしらの原因をつくった可能性がある。本当に「100対0」かな？　それともたったすこしでも、悪いことしたなという気持ちがあるかな？　そんな会話に持ち込み、それぞれが自分の非を認識するのに「100分の1」がちょうど良かったように思います。

兄弟げんかは、親がその現場や発生の経緯を目撃していないケースも多いので、当事者のいずれかをいきなり責めるようなことはしたくありません。子どもの自尊心を尊重しつつ、けんかの仲裁に入るには、双方にじっくり話を聞くしかないと思っています。

最終的に、お互いに謝って終わることができればベストです。ですが気持ちの整理がつかなかったり、それをうまく言葉にできなかったりしたとしても、何となく非があったことを感じている様子が見受けられれば、それもひとつの着地のさせ方ではないでしょうか。

# 第三の道はないのかな

　食事のときの座る場所やお風呂に入る順番など、兄弟姉妹がいれば何かしらの争いが起きることは避けられません。ゆずり合いができればいいのですが、大人にだって難しいこともありますし、もし大人が子どもよりすこしうまくできるとすれば、それは多くの経験をしてきたからです。なので、同じことを子どもができるはずがありませんし、それを求めるのは酷です。

　そんなときは補助線を引いてあげるのはどうでしょうか。私はたまに、何かしらの争いを目の前にしたときにＡでもＢでもない、第三の道はないのかなと提案することがあります。

　たとえばひとりでしか遊べないゲームをやる順番であれば、譲ったほうはすこし長い時間できるようにしたり、食事の席の取り合いで揉めたら椅子とテーブルの配置そのものを変えてしまったり。何だか当たり前のことを偉そうに書いているようにも思えて気が引けますが、トラブルに加わるでも仲裁するでもなく、ちょっとした工夫をして提案することで楽になりますよという話です。

よく大人は子どもに対して「いい加減にしなさい」と声をあげます。いい加減は漢字で書くと良い加減なので、本来これは声を張り上げて伝えるようなフレーズではなく「良い加減を探ろうね」と冷静に提案することが元々の意味合いではなかったでしょうか。

でも、子どもなので良い加減の探り方がわからない。そここそが親の出番なのだと思います。

## それを「わだかまり」と言うのだよ

子どもたちには割と早い段階で「わだかまり」という言葉を教えました。おそらく小学校の低学年だったかと思います。兄弟げんかが起きた後、気持ちがきれいさっぱりおさまらず火種が残っていると、またすぐぶり返すからです。それが続くと、こちらがもたない。そこで、明らかにわだかまりが残っている状態のときに「今、きみが感じているモヤモヤしたもの。ザワザワする気持ち。それがわだかまりだよ」と意味を教えていきました。その上で話し合ったり譲歩したりして、それでリセット。わだかまりがなくなって仲直りできたことの象徴的なアクションとして、お互いにハグをするということも、昔はよくやっていました。こういう小さな儀式は何気に有効です。

早いうちにわだかまりを教えたのは、けんかを再燃させないためというのもありますが、もう1つ理由があります。子どもが自分の中に抱く違和感に対して、自覚的で、敏感であってほしいと思うからです。わだかまりだけではありません。違和感と呼べそうなもの全般です。

人は生まれたての赤ちゃんのときは、欲望のままに生きています。それがいつしか大人になり、いろんなルールや常識を身につける。それは必要不可欠であり成長の証でもありますが、どこかでそのルールや常識が強まりすぎて、妙な先入観を抱いてしまう、自分で自分を縛ってしまうようなことが起きはじめます。学校での交友関係。職場の上司や同僚との関係。もしくは仕事そのもの。それがつらかったり違和感があったりすれば、本来、いつやめても良いわけです。違和感があれば、すぐに立ち去る。正当防衛ならぬ、正当逃避。そこを無理して続けようとするから、苦しくなったりするのです。

交友関係ではありませんが、学校の先生との相性とかもあると思います。教科が嫌いだったり苦手だったりするわけではない。でもこの先生はとにかく苦手で授業を受けたくない。そういう訴えは実際に自分の子どもたちから聞いたことがありますし、そういう気の進まないときに無理して時間通り行かず、すこし遅れて行ったりするのは正当逃避だと私は思います。習い事などでも同じです。たとえばサッカーひとつとってても、チームや組織によって雰囲気は千差万別。ひとつのチームでフィットしなかったとしても、それはサッカーとかチームプレーが苦手だからだと決めてしまうのではなく、サッカーとは別の部分での違和感も含めて探るほうが良い気がします。要するに相性ということでもありますが。

もちろん大人は稼いでいかなくてはなりませんので、そう簡単に切り離せないこともあるでしょう。ですが究極的に大切なのは、体です。仕事ありきでも友達ありきでも人間関係ありきでもなく、体ありき。そのためには毒を体に入れないこと。毒かもしれないと思ったら、すぐに吐き出すこと。それは年齢とか関係なく、生きていく上での必須条件です。特に子ども、中でも徐々に常識が身につきはじめる小学生などは「逃げてもいい」「逃げられる」ことを知らない可能性もあります。そこで日頃から違和感に対して敏感でいることを心がける。そのための第一歩としての、わだかまりというわけです。

そんなふうに逃げることを許していたら、忍耐力がなく、ワガママな人間になってしまうと思われるでしょうか。そうかもしれません。ですが「すこしワガママ」と「すこし我慢強い」のいずれかであれば、「すこしワガママ」くらいで良いというのが私の考えです。

我慢よりワガママだなんて、違和感あるかもしれません。こういった自分の考え方や価値観がいかに形成されたのか、自分でも正確にはわかりません。ただ、高校生のときに何となく興味をひかれて株式投資を始め、その流れで大学生を経て自分でビジネスを始めたことは少なからず影響していると思います。あまり難しく考えず興味を追求し続けてきた結果、案外何とかなっているぞ。学ぶべき大切なことや身につけるべきスキルは（我慢や辛抱なども含め）だいたいそのプロセスの中に含まれていたぞ。そんなイメージです。

起業したときに、会社のコンセプトを文章にまとめたのですが、このことをもっと丁寧に伝えているのですこしだけ紹介させてください。

しかし、つぶさに現実の世界を見てみると、

理想としての楽しさを追い求めることは是とされても、

そこに至る道で、「必ず苦労や辛いことを経験しなければいけない」

という無意識的な強制力が働いているように感じることがあります。

私たちが、日々疑問に思うのは、
そのような「楽しいことのためには、前提的に辛い経験が必要だ。」
という考え方です。

身の安全を確保し、生活・成長していけば、忍耐や辛抱を学ぶ場面はあえて設定しなくても、おのずと訪れるはずだと信じています。

# 自分の大切な子どもである君たちが、目の前で傷つけられるのは見たくない

たとえば兄弟げんかで殴り合いとか取っ組み合いが発生したとき、それは2つの意味で良い機会であると思います。

1つは暴力は絶対ダメであることを伝えられること。目の前で兄弟同士が殴り合ったり、つねったりひっかいたりし合っていたら、親としてはショックです。けれどこういうときこそ冷静に、落ち着いた声で声をかけることが有効なはずです。冷静にと言われても難しいと思われるでしょうか。ですが、まずは当人たちに大きなケガなどがないこと、そして友達などを巻き込んでいないこと。それさえ確認できれば、まずはひと息。自分の落ち着きを取り戻し、子どもたちもすこし冷静になったところで暴力がダメであることを伝えれば、子どもは聞き入れてくれるはずです。

少なくとも、何も起きていない日常の中で暴力はダメだと伝えるよりも、暴力を

ふるってしまった心の痛み、そして暴力を受けた身体の痛みが残る中で伝えるほうが100倍くらい説得力があるのではないでしょうか（逆に、取っ組み合いのけんかをしている子どもたちに怒鳴るように伝えた場合、どんなに暴力はダメだと叫んだところで1％も伝わらないと思います）。「何があっても暴力はいけないし、言葉の暴力もやめてほしい」。このくらい短くストレートに表現するよう心がけています。

もう1つ、暴力をともなう兄弟げんかは、子どもへの愛情を普段とは別の形で伝える良い機会であるようにも思います。自分の子どもが傷つけたり傷つけられたりする様子を目の当たりにするつらさ。それをけんかの当事者である子どもたちに切に訴えることは、きっと彼らの心に響くはずです。多少の演技を含めてオーバーに表現するのもありだと思います。あなたを愛している。愛しているあなたが傷つけられるのを見るのはとてもつらい。大切なことは表現を変えつつ、何度も繰り返し伝えていくことだと私は思います。

もちろん我が家でも一通り経験しています。兄弟間でも、友人との間でも。幸いどれもおおごとにはなりませんでしたが、一度、兄弟のけんかで一方が眉間を引っ掻かれ流血し、大きな傷がしばらく残ってしまうようなこともありました。傷は数週間で跡形もなく消えましたが、完治するまでの間、否が応でもその傷は視界に入ってきます。それ自体が大きな教訓になると思いますし、もしパパがママにこういうけがをさせたら子どもである君たちはどう感じるか。「自分の大切な子どもである君たちが、目の前で傷つけられるのは見たくない」と率直な気持ちを伝えたりもしました。そんな話を何度か繰り返して、事の重大性を時間をかけて伝えていくのが良さそうです。

## 選択するということは選ばない何かがあるということ

兄弟がいると、相手の予定や経験がうらやましくて拗ねるというシーンもよくあると思います。

我が家で言うと、次男のサッカーの試合の日。そんな日に限って、前日にお兄ちゃんの友達が泊まりに来てしまうわけです。もちろん次男も一緒に遊びたいし、実際に遊びます。でも夜はみんなよりも早めに寝なくてはならないし、朝はみんなが朝食後のんびりしているときに出かけなくてはなりません。

サッカーは好きだし試合にも行きたい。けれどみんなとも遊びたい。その気持ちは痛いほどよくわかりますし、とても健全な葛藤だと思います。だからこそ、ま

ずその葛藤は当然のものだと肯定してあげたいです。その上で、こうした葛藤を目にしたときは、自分の意思で選択することの大事さを伝える好機であると捉えています。

「兄弟は同一人物ではなく他人。同じ親から生まれて長い間一緒に過ごしているから忘れがちだけど、それぞれ別の人生を生きている。そこにはそれぞれの意思に基づいた選択があり、選択するということは選ばない何かがあるということ」

こう文章で書くと小学生にはすこし難しいようにも見えますが、一度で理解してもらえるとは思っていません。次男にこの話を初めてしたのは2年生のときで、当初はのれんに腕押し感がありました。ですが繰り返し伝えていくしかありませんし、何よりも大切なのは当人が、葛藤を乗り越えて自分の選んだ時間の過ごし方が楽しかったと実感すること。先ほどの例でいえば、家に泊まりに来たお兄ちゃんの友達とはあまり遊べなかったけれど、やっぱりサッカーの試合に行って良かったと思うこと。そういう経験の積み重ねで、徐々に、理解していくのだと思います。

おそらくこれは「ダメ」の一言で終わらせるよりも、ずっと学びが多いのではないでしょうか。周囲に惑わされずに自分の判断をすること。それが良い判断だったたと後から振り返ること。これは、まずは大人のサポートがないと難しい。だから、私たち親の出番なのだと思います。

一度おさまっても、また別のタイミングで同じように「いいなー」となる場面はやってきます。その際もできるだけ焦らず、「前にも言ったじゃん」とか言わずに辛抱強く繰り返し伝えていくのが良いのではないでしょうか。

## ママとパパは別の人間だからね。違う意見をもつこともあるよ

「ママ（パパ）はこう言ってたよ」

よく聞くセリフです。多くの場合、子どもが何かしらの提案をして、それに対して親の片方は許可したけれどもう片方がNOを突きつけたような場面です。今晩ゲームをしていいか、コーラを飲んでいいか、高学年になってくると、友達同士でどこまで出かけていいのか、といったトピックも出てきます。子どもから問いが発せられたけれど、それに対する夫婦の回答が揃わない。この本を読まれている方は、どなたも思い当たることが1つや2つ、あるのではないでしょうか。

この類の話が難しいのは、はじめはちょっとした問題だと思いきや、割と夫婦間の意見や考え方に溝があることが次第に明らかになるようなケースがあるからです。もちろんいろんなケースを想定しておいて、夫婦がさながらアーティスティックスイミングのペアのように一糸乱れぬ回答を用意しておけると良いのかもしれません。

ですがなかなかそこまでできませんし、それが普通だと思います。

そんなときは取りつくろうのはやめて、諦めてしまうのはどうでしょうか。夫婦はパートナーでありチームだけれども、あくまでそれぞれ別の人間。もちろんふたりがいつも別のことばかり言っていて子どもが混乱するのは避けたいですし、話し合いの場を設けたりお互いの立場を尊重したりして、歩み寄る様子をしっかり見せることも大切でしょう。

けれど、どこまで話し合っても意見が合わないこともありますし、別にそれは不思議なことではありません。むしろ、それぞれが大人として成熟しているからこその不一致（いや、そんなに立派なものではないかもしれませんが、そう振る舞うのです。演技です）。そんなときは、一旦、「ママとパパは別の人間だからね。違う意見をもつこともあるよ」とダブル・スタンダードでも構わないと思います。こっち（ママかパパのことです）はOKだけどあっちはダメっぽいぞという、状況次第で変わるルール。それくらいがちょうど良いのではないでしょうか。

ちなみに夫婦で意見が揃わなかった場合は、どうしても子どもにとって好都合なほうが採用されがちです。もうすぐ寝る時間だからやめておいたらと伝えたら、

「お風呂入ったらアイスを食べていいってママに言われたもん」という具合です。これも、そんなものだと思いますし、その都度目くじらを立てて争う必要はない気がします。

ただ、一方が不確実な情報をもとに判断している可能性がありそうな場合は、事実確認をしたり、一度くだした判断をくつがえしたりすることも少なくありません。実は子どもたちが日中もたらふくアイスを食べていたことを妻は知らなかったとか、もしくは事前に何かしらの約束をしていたとか、そういうパターンです。もちろん私が事の流れを理解しておらず、判断がくつがえされてしまうことも少なくありません。ですがそんなときは自分の意見が不採用だったと捉えるのではなく、正確な情報や事実をもとにより良い判断ができたと思うようにしています。

## スマホは貸してあげているのだよ。それを忘れないように

子どもにいつからスマホを持たせるのか、これはそれこそ夫婦のあいだで意見が分かれやすい問いではないでしょうか。

我が家では長男には小学6年生の卒業間近にスマホを与えました。5年生とか6年生くらいから持たせてもいいのではという話も一瞬出たことがありますが、やはりまだ早いだろうと。どんなにゲームのアプリを入れないとしても、スマホひとつあれば画面の中でいくらでも時間を過ごせてしまうし、小学生ではなかなか自分で抑制するのも難しいだろう。こんな話し合いのもとに、中学生になったらスマホを持たせてあげると話していました。しかし当人いわく、2月中くらいに用意しておかないと連絡先を交換できないとの主張。「LINEでしかつながれない友人なんて、それまでよ」とうそぶいたりもしましたが、とはいえ彼の言い分もわかるので、卒業間近の2月から持たせています。

使い方のルールはあまり細かく決めず、週単位で見直しながら子どもとスマホの付き合い方を探っているところです。家族や友人と一緒に食事をしているときにスマホをずっとのぞき込んでいたら注意するようなことは割と頻繁にありますし、たまに、1日とか週単位の使用状況をスマホの標準アプリで（本人の同意のもと、本人の目の前で）チェックすることもあります。割と突っ込みどころ満載なので、それをもとにいちいち叱るというよりは、バランスの悪い部分があれば指摘の上で修正するよう伝えたり。「これは自分の行動や生活を自分でコントロールする練習だよ」と伝えながら伴走しています。

一方で、もともと自転車が好きだった長男が、自転車の走行データを取得・蓄積できるアプリをスマホに入れてから自転車がさらに楽しくなって、日々ひとりで乗り回しはじめるということもありました。こういう想定外はとてもうれしいので、やはりあまり細かなルールで縛りすぎないほうが良いのかなと思っています。

ですが当初から一貫して伝えているのは、これはあくまでも親の持ち物であり、携帯電話会社と契約しているのも親、それを君に貸しているのだよということです。君の視点から言うと、あくまでも借り物である以上、好き勝手なことはしないでほしい。そういったことを繰り返し、伝えています。

どんなアプリやどんな使い方ならいいのか、悪いのか。それはご家庭ごとの判断があるでしょう。しかし、どんな使い方をするにしても、あくまでも貸している／借りているものであるという前提で、そうである以上、妙な使い方をしていないか時たまチェックはするし、報告してもらうこともある。そういう関係性を明確にしておくことは大事なことではないかと思います。

# 自分の人生は自分のペースで生きるべき

スマホを手にして学校のクラスのLINEグループに参加した長男は、1〜2週間後にグループを抜けたと言ってきました。いわく、あまりにも投稿や（それらの投稿が元となる）トラブルが多すぎるので疲れると。かねてからスマホの通知など本当に必要なもの以外は全部オフにして、自分が必要と思うタイミングで見ればいいのだと思っていた私としては、よくぞ言ったと褒めちぎりたくなるような快挙です。

ですがここは貫禄を見せるべく、冷静を装って伝えました。LINEグループから抜けたのは大正解だと思う。そこから抜けたからと言って、君の友達は君を見捨てたりしないし、もしそうなったらそれは友達ではない。君は君の自分の人生を自分のペースで生きるべきで、周囲の人たちの事情に振り回されてはいけない。スマホの通知とは人の事情や君に何かを売り込みたい会社の事情で発動され、君のスマホに届くもの。全部が無価値だとは言わないが、君の人生とは関係のないもの。

パパはそう考えているので、君が自分で考えてＬＩＮＥグループを抜けたのは素晴らしい判断だと思う。そんな内容だったかと思います。想定外にやたら称賛される形となった彼は、すこし照れながらも、誇らしそうな表情をしていたのが印象に残っています。

ちなみに私が自分自身のスマホの通知をおおむねオフにしているのは、自分の時間や意識を自分以外の誰かに奪われすぎないようにするためです。子どもを自分のコピーにしようとは思いませんが、できる限り自分の考え、自分の判断をもとに、彼ら自身の思う豊かな時間を過ごしてほしいと願うばかりです。（その後、長男がクラスＬＩＮＥグループに復活したと次男からのタレコミがありました。むむむ。またしばらく観察を続けようと思います）

# 「いいね、パパは友達がいっぱいで」「そうだね、いろんなことに興味をもってきたからね」

「友達だよ」

子どもから「あの人は誰？　知り合い？」と聞かれたとき、そう答えることが多いです。同級生や仕事仲間。隣人。取引先。ちょっとした知り合いなどなど、人と人との関係性にはいろんな名前がついていますし、関係性のあり方は実にさまざまです。ですが子どもに細かな違いを説明することは難しい。そして無垢な彼らに人間関係のあり方についての先入観を与える必要もないと思うので、「友達だよ」となるわけです。

街で遭遇した人だけでなく、テレビやインターネットなどで見かけた人でも「この人知ってる？」などと聞かれることがあります。実際に知っていれば知っていると答えますし、会ったことがあればそう答えます。結果として子どもからは「友達なんだね」と認識される場面が増えるので、「いいね、パパは友達がいっぱいで」と言われることがありました。

しかし、当たり前ですが友達の数は多ければ良いというものではありません。40年を超える人生の中でいろんな人に出会ってきましたが、では友達がどれだけいるのかと問われると自分でもわかりません。ですので「いいね、パパは友達がいっぱいで」と言われたときは、まず、そのあたりの自分の考えを説明します。友達は数より質であるということ。質と言っても人の善し悪しを判断するような偉そうな話ではなく、気の合う仲間であるかどうかが大切だということ。共通の趣味や興味があると気の合う仲間になりやすいということ。興味を追求すると、自然と友達も増えること。もしママやパパに友達が多いとすれば、それは自分の興味を追いかけてきた結果として、自然と広がったつながりであること。

そんな話は何度もしたことがありますし、割と伝わっている手応えがあったのですが、相手は完全なる新世代。こちらのイメージとはだいぶ違う形で受け止めている可能性もあります。というのも、いっときＹｏｕＴｕｂｅの登録者数を増やそうと彼が躍起になって試行錯誤していた時期、同じように登録者を増やそうとしてるユーチューバーに積極的にメッセージを送り、コラボして一緒に伸ばそうと呼びかけていたりしたのです。

　オンラインゲームで見知らぬ人と対戦することが当たり前の彼らにとっては日常の延長かもしれませんが、インターネットのない幼少期を過ごした私にとっては驚きです。ですが、成果を出そうと工夫するその姿勢は素晴らしい。そしてこれもひとつの興味を通じたつながりであることに違いありません。インターネットには危険がたくさん潜んでいることを伝えつつも、この想定外を見守っていました。本書の冒頭で、親も子どももそれぞれ別の個人であり、親子というより親と子であると書きました。それに、生まれ育った時代が違えば発想や行動の仕方も違って当然です。だからこそ、この違いや想定外を当たり前のもの、子どもとの暮らしの醍醐味と思って楽しんでいきたいところです。

# 彼、いいやつそうだね

登下校時にすれ違うときはもちろん、それ以外にも送迎やお泊まりなど、子どもの友人たちと私たちのあいだに接点が生まれ、会話をする機会は少なくありません。そのときに自分が、その友人に良い印象を抱いたら、「彼、いいやつそうだね」などと言って、抱いた印象を子どもに伝えるようにしています。私は割と単純なので、言葉遣いが丁寧だったり気持ち良く挨拶ができたりするだけで、すぐにいいやつ判断しがちですが。

ここで私がポイントにしているのは、遭遇した友人の言動を踏まえ、子どもに直接ああしなさい、これはダメと伝えるのではなく、親が他者（子どもの友人）に対して抱いた印象を簡潔に表現する点です。

もちろん学びにおいて一番なのは、子ども自身が気づきを得て自ら学習すること。ですが、子ども自身がすべてを自分だけで吸収しつくすことはできませんし、子どもに委ねすぎることは、子どもの自主性を尊重するフリをした責任放棄にもなりかねません。かと言って親がいつもあーだこーだ言いすぎるのも避けたい。そこで彼らが自分自身の振る舞いや態度のあり方を形成していく上で、判断の助っ人となるような補助線を引いてあげる。そんなイメージです。補助線なんて、算数の授業以来でしょうか。

その際、気をつけていることが2つあります。1つは、できるだけプラスの印象だけに焦点を当てること。いろいろな友達との交流がある中で、当然のことながらネガティブな印象をもつこともあります。もちろん自分の子どもが、どこかで誰かにそういう印象を与えている可能性も含めて。

ですが、それはその日の体調とか気分によるものかもしれませんし、そうでなくとも、友人のそういうところも含めて、子どもたちは交流し、仲良く遊んでいるわけです。その前提に立つと、子どもに絶大な影響力をもつ親が、子どもの友人との数少ない接点で抱いた（言わば気まぐれな）印象を口にすることで、子どもの交友関係に影響を与えるのは、すこし干渉しすぎではないかと思うのです。

もう1つは、あまり無理に言語化しないことです。もちろん言葉は大事ですが

「いいやつだ」と抱いた印象、それを要素分解して言葉にして伝えようとする瞬間、何だかつまらない説教になりがちです。個性が強い友達などはユニークすぎて真似できない、または言葉にできないようなこともありますが、それはそれで面白いけれども補助線にはならない。なので「いいやつ」はそのまま「いいやつ」として認識して、その回数を重ねることで「いいやつ」の輪郭がすこしずつ浮かび上がってくる。そんな導き方もアリではないでしょうか。

# ほどほどにしろよ

〝ボール遊び禁止〟と書かれている公園にほかの誰もいないとき、自分の子どもが友達とボール遊びをしている。これは許されるのでしょうか。それを見かけたときに、親としてはどう振る舞うべきでしょうか。

もちろん普遍的な答えはありませんが、私は「ほどほどにしろよ」と答えることが多いです。そして、子どもたちは近所のおじいさんから「ボールはダメだと書いてあるだろ」と叱られて、しょんぼりして帰ってくる。漫画のような話ではありますが、これは実際に以前、自宅周辺で起きた出来事です。

ボール遊びのできない公園なんて、と思う気持ちはあります。ですが、ルールを破った子どもたちを叱ってくれたおじいさんには感謝です。子どもが自ら学ぶ機会をつくってくれたわけですから。前もって親が「あの公園ではボール遊びはしないように」といくら伝えても、子どもは普通、なかなかやめてくれません。ですが肩を落として帰ってきた彼らは、もう二度とその公園でボール遊びをしなくなりました。私自身が何度か、ルール違反を覚悟でその公園でボール遊びをしようと誘っても「あそこは嫌だ」と断られたので、間違いありません。

ここで紹介したエピソードは初歩的なルール違反ですが、それ以外にも嘘をついたり物を盗んだり、暴力を振るったり、子どもといたずら、子どもと悪事は切り離すことができません（いや子どもだけでなく大人もですね）。だからといってすべてを未然に防ごうとすると、なぜそれがダメなのかを体感できない。それが難しいところです。

そこで、親としてこういう心構えをしておくのはいかがでしょう。第1段階として、守るべき大切なルールは常日頃から伝える。ルールを破らないように見張るのでなく、あくまでもルールを伝えるという点がポイントです。

どんなに伝えていても必ず違反したり、結果として痛い目にあったりするケースは出てくるので、そこからが第2段階。失敗や間違いの確認、必要であれば謝罪など後処理を済ませた上で、この経験を通じてひとつ賢くなったねと子どもに伝える。そして同じ過ちを起こさないよう願う。これだけです。

こんなに寛大な気持ちでいつも接することができるのか、正直自分でも自信はありません。でも、これがベストだと思います。第1段階で予防しすぎるのは子どもとしてはうっとうしいはずですし、第2段階で「ほらみたことか」みたいな態度で接するのは、親の振る舞いとしては恥ずかしい。だとするとルールを伝える、破ってしまったらフォローする。それしかありません。

子どもに伝えるべきことは、一緒に暮らすであろう十数年のあいだでたくさんあります。事あるごとにすべてを正確に教えようとするよりも、たとえ半分くらいしか伝わっていなくても気持ちいい関係性を維持することで、5年後も10年後も会話ができること。彼らが話しかけてくれて、我々の話にも耳を傾けてもらえる状態でいることのほうが、優先すべき大切なことであると私は思います。

# 間違いが見つかって良かったね

私がリビングのテーブルで読書をしたり朝食をとっているとき、子どもが宿題を始めるケースがあります。こちらは自分のやるべきことに集中すべきですが、横にいるのは愛しき我が子。当然彼らが適切に文字を書けているか、計算ができているかが気になりますし、横目でちらちらのぞいていると、やはり計算や漢字の間違いがすぐに見つかります。

自分で何とか宿題を片づけようとしていることは頼もしいし、横からああだこうだと口を挟みすぎることは避けたい。けれど明確な誤りは正してあげたい。そんなとき、誤りをいくつか指摘した後に一呼吸置いて、「間違いが見つかって良かったね」と伝えると、子どもが何かを間違えることへの捉え方がそれまでと違うものになることに気がつきました。

仕事でも、自分の出した指示に基づいてスタッフが成果物を期日通りに出してきてくれたら、出来具合の良し悪しにかかわらず、まずはお礼を伝えるはずです。その上で、うまくいっているポイントを確認しつつ改善点を指摘する。上司とか部下でなく、相手をひとりの自分とは異なる他者として捉えるのであれば当たり前の語順ですし、これは子どもとの関係性においても同じなのだと思います。ですが間違いは間違いですし、それは修正しなくてはなりません。だから「間違いが見つかって良かったね」で、ほめているふうに仕立てるのです。

もちろんこれは、勉強だけに限りません。サッカーのリフティングや鉄棒の逆上がり（個人的には逆上がりなどできなくても全く問題ないと思いますが）など、子どもが自ら「できるようになりたい」と願う。けれど一筋縄ではいかない。そういう「ちょっとした努力で目の前のゴールが達成できそうな状態」は、彼らのチャレンジやプロセスを肯定し、寄り添う姿勢や態度を表現する最高のチャンスです。

そしてもちろん、純粋な気持ちで課題に立ち向かう彼らの愛おしい姿を確認しつつ、また伴走を続けるのです。

# 君が遠慮して仲間が活躍すれば、君の出番はその分少なくなる

これは、次男をサッカーの試合会場に連れて行く車の中で彼に伝えた言葉です。彼は体を動かすことが好きで、割とよく動けるタイプです。けれど練習や試合を眺めていると、いつもすこし遠慮がちなところがある。明らかに自分の目の前にチャンスが転がってきている場面でも、周囲の仲間に委ねてしまうのです。その結果、セカンドチームで悔しい思いをしたこともあるのに、そんなことはすっかり忘れて「○○君はとっても上手なんだよ」と呑気なことを言っていたので、これは大切なことを伝える良いチャンスだと思ったのです。

もちろん仲間を信頼し、大切にできるのは彼のとても良いところですし、少年スポーツは勝利至上主義ではありません。けれど自分を信じて突破して、得点を決める喜びも味わってほしい。そんな自分（＝私です）なりの葛藤を経て伝えてみました。

この本の中ではいろいろとかっこいいことを書き連ねていますが、それはいつも「言おうか言うまいか。言うにしても、どう伝えるか」の葛藤の連続なのです。うれしいことに、この日彼は、試合で初めての得点を決めることができました。一挙に3得点。これが助言の効果だったのかどうかはわかりません。でも、その次の試合の際も会場までの道中にこう言うのです。

「前回、試合前の話があったからいい結果につながった。だから今日も同じ話をしてほしい」

私は大いに満たされた気持ちで彼をハグし、試合に送り出したことは言うまでもありません。

## 「失敗しちゃったよ」「今、結構しんどいんだ」

内容にもよりますが、私は自分の失敗とかしんどいこと、つらかったことなどを割と子どもに伝えます。本当にしんどいときは話す気にもならないので（めったにありませんが）、すこし前の出来事を過去形で話すことが多いです。

たとえば最近ですと、新型コロナウイルス感染症拡大の影響で事業が打撃を受け、なかなかしんどい2年間を過ごしたことであったり、昔、依頼されていた講演で100人以上の前でスピーチ中にフリーズしてしまったことであったり。これらは自分としては割と重めの内容ですが、朝の電車でコーヒー飲みながらバナナ食べているとき、咳込んだら隣のおじさんに怒鳴られたとか、そんなライトな失敗談のほうが頻度は多いかもしれません。

ひとむかし前であれば、父親は家庭内で威厳を保ち、自分の失敗をさらけ出すようなことはしなかったのかもしれません。ですが時代は令和です。今後の見通しが立てづらく、何がうまくいくかわからない今の社会では、失敗してなんぼです。「失敗は悪いことだ」という意識を小さい頃から植えつけられるよりも、失敗は当たり前のプロセスと思って育つほうが今の時代に合っているはず。すこし話はそれますが、フランスとかドイツでは学校でノートに書き込むときもテストのときも、鉛筆と消しゴムの代わりに、消すことができないボールペンや万年筆を使うそうです。答えが間違っていても美しく書けていれば加点されるようなこともあるみたいですし、消しゴムで消して間違いをなかったことにはできない。ミスや失敗を消すことなく、それを残す文化はなかなか面白いなと思います。

私が自分の失敗談をよく子どもにするのは、今書いたように「失敗してなんぼだ」という方針に加えて、彼らが興味を示してくれるからという理由も大きいです。親の失敗談はきっと、彼らの貴重な栄養源になるのでしょう。

子どもは未熟だけれど大人は完成されている。それは事実ではありませんし、それ以上に問題なのは、子どもにそう思わせてしまうことです。生まれたばかりの赤ちゃんであれば、すべてを親に委ねるしかありませんし、親はすべてを与えてくれる神さまのように見えても問題ないと思います。ですがすこしずつ自立し、小学生や中学生になっていく段階で、かつて全知全能だと思っていた親も普通の人間であると気づいてもらう必要があります。

だからこそ親が自分のミスや失敗を語る。すると子どもたちは「親は思っていたほど自分たちと大差ない」ことに気づき、徐々に自分もメンバーの一員であることを自覚する。その流れの中で、自分なりのアイデアや意見を持ちはじめるのではないでしょうか。

ちなみに失敗談を伝えるのではなく、目の前で失敗する姿を見せる場面もあります。毎年夏に小さな漁船を借りて、10人弱のメンバーでマグロ釣りに出かけるのですが、陸では優しい船長が海の上では荒ぶれます。魚群探知機に群れが映って「用意！」の指示が出ているのにもたもたしていると、すかさず、「グズグズしてんじゃねぇぞ！」と怒号が飛んできます。そんなのは序の口で、釣り糸をスクリューに絡ませてしまったら、それこそボロクソに言われます。

「はい、すいません」と何度も謝っている私を見て、同行している子どもたちも「パパ、大丈夫？」と声をかけてくれますが、大丈夫か、大丈夫じゃないのか、自分でもわかりません。ですが陸に上がったら、魚が釣れていていなくても、妙な一体感が生まれるから不思議なものです。

「言いたい放題言わせておく」の項でも書きましたが、共通の敵の存在は大きいのだと思いますし、これは毎年とても良い思い出になります（ちなみに敵と書きましたが、船長はとても良い方です）。

## 最高じゃん。すぐ見に行こう

長男は6年生の夏休み前まで、中学受験の準備を進めていました。小学校に楽しさを見出すことができなかったので、このまま近所の中学校に進学しても状況は変わらないだろうという判断です。受験といっても偏差値に惑わされることなく、いろんな経験と、日々の楽しさ。この2つが満たされそうな学校に出合えればいいなと思っていました。

最近の塾は面白いですね。自宅から参加できるオンラインの塾などもあって、休憩時間に家族でサクッと食事。その後「行ってきます」と言って自室に戻っていくのです。スキー場のホテルから授業に参加したこともありました。そんな形で本人の納得もあり、割と一生懸命取り組んでいたのですが、これが6年生の夏休み前くらいに突然、終わりを迎えることになりました。

とある候補校の見学に私と長男で向かう道中、ふと彼が「N中という学校に興味がある」と言い出したことがきっかけです。N高の存在は知っていたけれど、N中とは初耳です。彼いわく、受験はするつもりでいる。けれど先日、ふと思いついてeスポーツの部活がある学校がどこかにないかを探してみたら、N中という学校を見つけた。まだよくわからないけど、興味がある。そんな話だったと記憶しています。

その後、その日の見学先の学校に到着。長男は体験授業に向かい、私は大ホールでの学校説明や校長先生の話を聞く時間でしたが、もちろんすべてうわのそら。約1時間、ひたすらN中について調べた結果、帰り道に長男にかけた言葉が「最高じゃん。すぐ見に行こう」です。理解が進めば進むほど、長男が興味を抱くのは必然だなと感じたことを今でも覚えています。

幸運なことに、その日のちょうど1週間後に説明会が予定されていて、そこに長男と妻と私の3人で参加。これは楽しそうだねということになり、その日のうちに中学受験はおしまいになりました（N中にも入学に向けたテストや面談はあるので希望者全員が入れるのかどうかはわかりません。ですが特別な対策などは必要なく、受験とは大幅に異なる内容であることは確かです）。

存在を知らなかったくらいですし、実際に通ってみてイメージ通りなのかはわかりません。ある程度評判が固まっている学校に進ませることと比べると、不安もありました。ですが私としては、中学への進学という大事な場面で、長男が自分で第三の道、公立の学校とも受験とも異なる道を見つけてきたことがとてもうれしく、「最高じゃん」と曇りのない言葉を最初にかけてあげたいと思ったのです。ちなみにこの「最高じゃん」は、そのまま同意を意味するものではありません。（相手がどう捉えるかはわかりませんが、少なくとも私はそのつもりです。）どちらかというと、大事な場面で自分で調べ、覚悟を決めて提案すること。その行為がまず最高。そして自分でも実際に調べてみて、彼にフィットしそうな内容であったから、それも最高。ふたつの最高が合わさった「最高じゃん」だったと思います。

ちなみに、この一連のプロセスは、長男にはもちろんだと思いますが、私にも救いを与えてくれました。たとえ理想的な形で受験を終えることができたとしても、長男が中学校に面白さを見いだせない可能性は引き続き残るだろうと思っていたからです。もちろん、その可能性を下げられると判断しての受験でしたが、いわゆる中学校、つまり校舎と教室があって、クラスが割り当てられ担任の先生がいて、時間割に基づいて授業が進行する。そういうくくりで見ると、小学校と中学校、そして公立と私立の学校の仕組みはとても似ています。彼が、そういう仕組みそのものに違和感を抱いているのだとすれば、受験も、その先にある私立の中学校も適切な答えになりません。これは我が家の話だけでなく、増え続ける不登校の生徒数などとも関係がある気がしています。

# すごく嫌な気分になったよ。すこし想像力が欠けていないかな

何かの道具が飛行機に見えたり、木の陰が怪獣に見えたり。言うまでもありませんが、子どもは想像力の塊です。ですが、兄弟とか親子とか友達との関係においては、想像力が足りておらず、それゆえに無用なトラブルに発展しているなと思う場面を目撃することも少なくありません。

たとえばボードゲームをしていているとき、終盤にさしかかり勝敗がおおむね見えてきた場面でやる気をなくす。そのまま投げ出そうとして兄弟が怒る。ましてや、残された側の兄弟が家族を口説いてスタートしたゲームであれば、怒るのも当然です。友達や兄弟が何かのものづくりをしていて（レゴとか）、一部を手伝ってと頼まれたのに全部やり遂げてしまうようなことも、たまにあります。どちらも大人の常識で考えれば、普通はあり得ないことです。ですが、子どもはそういうことを平然とやってのける。人生経験が浅く学習中の彼らなので、仕方のないことです。

子ども同士のやり取りを第三者の視点で観察している分にはまだいいのですが、親が当事者として巻き込まれることもあります。最近私が巻き込まれたのは、長男が中学初登校の日、その帰宅時です。これまでにあったほかのどんなイベントよりも、その日を待ち望んでいた彼。もちろん私も、どんな表情で帰ってくるか、最初に何と発声するか、楽しみに待っていました。

ですが「ただいま」と言ってそのまま部屋へ直行、どうやらゲームをしていたようなのです（あとから聞いた話によると、初日の登校で仲良くなった友人とオンラインで遊んでいたらしく、それはそれで良い出だしだったわけですが）。珍しくキッチンで調理をしていた私はとても残念で腹立たしい気持ちになりました。三男を保育園にお迎えに行く必要があったので、その後すぐに出かけることになっていましたが、ひとり家に残る長男に気持ち良く「行ってきます」を言える気分ではありません。

その代わりに「とても残念だ」と言い残して家を出ました。保育園に向かう車の中、行きはひとり無言で過ごし、帰りはワイワイ騒ぐ三男のかわいさに癒やされながらすこしずつ気持ちを落ち着け、いざ帰宅。

ドアを開いて聞こえてきたのは、かつてなかったような不必要に明るい声で「おかえり～」という長男の声。私が出かける際、さすがに何かおかしいと気づいたのでしょうか。この声色は当人が自分の間違いを自覚し、反省する用意ができた証です。ここまでくれば、あと一歩。「君の帰りを楽しみに待っていたのに、あれはないよ。すごく残念で、すごく嫌な気分になったよ。すこし想像力が欠けていないかな」そう伝え、当人も納得したようで一件落着。その後、謝ってくれました。

たとえば夏休みの宿題のように計画的に準備を進める場面や、確実に兄弟げんかに発展する発言や行動など、子どもとのやり取りの中で「想像力が足りていないのでは？」と伝えることは割と多いのですが、一方で、そう言われてもどうすればいいのよという子どもの心の声が聞こえてくる気がするのも事実です。ですが、少なくとも、ここで書いたような形で自分が巻き込まれ、その中で自然と湧いてきた感情をストレートに表現すること。残念な気持ちになったことを淡々と伝えることは、割と有効な気がします。こちらがどう感じたかをきっかけに、子どもの気づきや学びを促していく。そんなイメージでしょうか。

私も試行錯誤の連続ですが、こんな風にやり取りをしながら親も子どももともに経験を積み、それぞれの視点で学んでいくことを楽しみたいです。

# 今日は本読んだ？

一世代離れた子どもたちは、たまたま一緒に住んでいる別人種と思うようにしています。私はアフリカの内陸の国ウガンダとご縁があり、ウガンダ人の友人とやり取りをすることが多くあります。ウガンダは遠い国ですが、物事の捉え方や考え方において、年の近いウガンダ人よりも次世代の日本人である子どもたちのほうが、自分との差が大きいと感じることは少なくありません。近いけど遠い存在。それが自分の子どもたちだと思うのです。ですから親は出しゃばらず、伴走するくらいがちょうど良い。

ただ、1つだけ願っていることがありまして、それは本を読むようになってほしいということです。本など読まずに楽しく幸せに生活している人もいますし、そもそも難読症で字が読みづらいけれど大成功しているような人も世界にはたくさんいます。本を読むことは、あくまでも私の趣味であり、子どもへの趣味の押しつけに近いのですが、これだけは譲れません。

子どもには、読書は君たちに力を与えてくれるので、一緒に本を読む習慣をつくっていこうと伝えています。本はどこかの誰かがまとめてくれた知識や経験、または物語といった創造物であり、知のかたまりです。本を読む習慣というのは単に文字や文章を読むことにとどまらず、世の中の知に対して興味と敬意を抱くことであり、世界の広さや面白さを知るきっかけにもなり得ると思うのです。だからこそ、とにかく子どもには本は面白く頼りになる存在であることを知ってもらいたいというわけです。

スマホやタブレットの時代に読書を習慣づけることは簡単ではありませんが、本はハズレが少ないというのが私の持論です。それもそのはず。本をつくり、販売するまでには多くの手間とコストがかかるので、書店で買うことができたということはどこかのステップではじかれることなく、読み手の手元までたどりついたということだからです（私も今この本が企画倒れにならず出版にこぎつけられるよう必死に書いています）。読み手に何かの価値を提供することを関係者全員が強く意識してつくられている。それが本だと思うのです。

もし共感してくださる方がいた場合、親としてできることは何があるのでしょう。まずはやはり、親が本を読んでいる姿を見せることや、本が目に入りやすく手に取りやすい場所に並べられていること。この、ちょっとした日常の風景は大きなポイントになりそうです。

加えて、私は子どもに「今日は本読んだ?」とよく声をかけています。もし読んでいたら「またすこし賢くなったね」と伝えます。いつもと異なるジャンルの本を読んでいたら、そのチャレンジを褒めたりもします。最近は、いつも物語ばかり読んでいる次男が『なぜ?どうして?身近なぎもん』というタイトルの本を読んでいたので、「君がいろんな本を読んでくれて、パパはとってもうれしいよ」と伝えました。

読書ポイントを設定して、とある期間に集めたら何かご褒美がもらえる取り組みをしたこともあって、これもそこそこうまくいきました。私のこだわりのポイントでもあるので、本を読む習慣づくりに貢献することであれば、手段は選ばずいろんな提案や取り組みを実施していく覚悟です。ですがもちろん、やりすぎは禁物。「良い加減」を忘れずにいきたいと思います。

# あとすこしだけ、一緒に過ごそう

本書の最後の項を書いている今、長男は中学校生活が始まり、ものすごい勢いで自分のもとから離れていくのを感じます。背もまだ低いし声変わりもしていないけれど、もう、日々離れていくイメージ。

もちろん今も仲良しです。朝は私が起こして、朝食も夕食もおおむね一緒。平日夜に一緒にサッカーの試合を観に行って、そのままホテルに泊まって朝一緒に部屋を出たり。夕方とか夜は海沿いを10分くらい一緒に歩くのもここ最近の日課で、私にとって日々の密かな楽しみです。

けれど彼が生まれて以来、割と多くの時間やリソースを子どもとの関係性に使ってきたので、その分、変化が大きく感じられるのだと思います。

家族サービスなどと思ったことは一度もありません。一緒に過ごすのは楽しいですし、子どもが大きくなり手が離れていくのは時間の問題だから、何にも増して優先する。このあたりの考えは、この10年以上ほぼ一貫しているので、後悔みたいなことはまったくありません。けれどやはり、今は来るべき離陸のタイミングが一気に押し寄せているなと感じます。

今まさにひとりの人間が人格を確立し、独立しようとしている。経済的な独立はもうすこし先だけれど、人格としては確実に独立しつつある。自由からの逃走ではなく、自由を獲得しようとしている。静かな意欲や気迫を感じるのです。そういう意味で、喜ばしいし、誇らしい。ですが、ちょっと寂しい。寂しいけど、後悔はない。そう、堂々巡りです。

何が言いたいかというと、どんなに健康寿命が伸びたり、それ故にキャリアのあり方が変わったりしても、子どもが親元にいる時間は限られていて、貴重であるということです。一部の人にとっては当たり前の事実でも、社会的合意が得られている状況とは程遠いと認識しています。

でも、これを社会問題として訴えるよりは、割と、ここに書いたような気持ちの吐露が人に伝播し、行動を変えていく。そういう効果も馬鹿にできないのではないかと思い、書いてみました。この項の見出しに書いた「あとすこしだけ、一緒に過ごそう」は、当人に伝える言葉ではなく、自分の中でのつぶやきです。

10代半ばになって、いよいよ精神的に独立していってしまうまでの、長いようで短い、かけがえのない時間。仕事が多少忙しくても、気分の波があっても、とにかくその限られた時間を、愛おしい子どもたちと一緒に過ごすこと。その喜びや楽しさを、私はもうすこし当事者として体験していくつもりです。皆さんにとっても、私のここまでの経験のまとめが何かすこしでも参考になったなら幸いです。

特別収録

# 小学生の親は面白い

梅田優祐
×
西村　琢

元ユーザベース代表・NewsPicks 創業者の梅田優祐さんを迎えて、「小学生の親」の面白さ、難しさを語ります。現役小学生2人（次男・三男）を含む4人の子を育てる梅田家は、子どもたちとどう向き合っているのか——。経営者・1981 年生まれ・葉山住まいと共通点も多く、家族ぐるみの付き合いもある著者が話を聞きました。

## 子育てほどクリエイティブなものはない

**西村**　小学生の親が面白いっていうところから話を始めていけたらなと。梅ちゃんを見ていると、楽しそうな印象があるんだけど。

**梅田**　起業も面白いけど、子育ても最高に面白い。こんなに面白いことはないよね。ただ、たしかに楽しめてはいるけど、この本を読んですごい反省したよ。ここまでしっかり考えて子育てに向き合ってはなかった。まだまだクリエイティブにできることはあるなと気づかされた。このティップスいただく！っていうのがいくつもあった。ウルトラソウルとかいいよね（P.26）。何事も名づけてしまうと強制的に客観視できるからとても良いなと。

**西村**　そう言ってもらえるのはうれしいね。みんないろいろ問題はあるんだろうけど、楽しめてるポイントっていうとどう？

**梅田**　一番は正解がないことに向き合っているところだと思う。常に理想と現実のギャップの間で試行錯誤しながら子ども達に向き合うプロセス自体が

西村　何より奥深い。たとえば、子どもの自主性を重んじたいという自分がいる一方で、（僕自身の時間や余裕がなかったりすると）つい子ども達をコントロールしようとしている自分がいたり。

梅田　意外とコントロールしちゃう場面がある――。

西村　そうそう、それで反省して、改善して、でも同じことをまたやっているとかの繰り返しね。

梅田　仕事の制約っていうのも結構あるのかな。

西村　それもあるけど、やっぱりね（男の子が3人＋女の子1人いると）、けんかだ何だってとにかくうるさい。だからついつい「ダメ！以上！」みたいな形で強制的に終わらせてしまうことがある。この前、琢ちゃんちにおじゃましたとき、子どもたちがＹｏｕＴｕｂｅの取り合いになったじゃない。カエルのやつが見たい、電車のやつが見たいって。

梅田　そういうときありがちなのが、こっち（親）が強制的にルールを決めて、その中で納得させようとしちゃうんだけど、琢ちゃんが出したソリューションは「ゲームにしちゃう」だったんだよね。カエルと電車、両方が出てくる動画を探そうって。そしたら、子どもたちが一生懸命探しはじめたのよ。あぁ、こうすると（子育てを）よりクリエイティブに楽しめるんだなって思った。

**西村** それに、子どもの年齢ごとに求められるクリエイティビティも変わってくるから、子育てほど奥深くて面白いものはないのかもしれない。

**梅田** 会社経営にもちょっと似てるところがあるね。

**西村** そうだね、解がないから面白いんだろうね。

## 本当にすぐやめていいという心理的安全

**西村** 梅田流の子どもへのかかわり方で大切にしていることってどんな感じ？

**梅田** この本、妻にも読んでもらったんだけど、日々そこまで言語化して意識してない分、自分たちは子育てでどういうことを大切にしてるのかっていう会話のきっかけをもらった。そこで1つ出たのが、意外と親が子どもに対して強制することって重要かもしれないと。最近は子どもの「やりたい」や「好き」を大切にしようという風潮が強いけど、それが行きすぎるのも違和感がすこしある。「やりたい」も「好き」もまずは体験してみないと本当のところはわからないのではないかと。だからまずはやらせてみる。ただし、合わないと思ったらすぐやめていいという条件つきで。

**梅田** なるほどね。

**西村** っていうのも、子どもが4人いて思うのは、みんな全然個性が違う。であれば、生まれもった個性を「発見」することに重きをおきたい。そのためには、できる限り多くの「体験」が何より有効な方法ではないかと。あと、まだ小学生くらいだと、口で言っただけのことは驚くほど残っていなくて、経験を通さないと残らないんだろうなと。だから、浅くても広く経験させたい。だいぶ前に子どもがテレビでフェンシングを見ていて「これ超カッコいい」って言ったんだけど、そういうのをすかさずキャッチする。「体験できるところがあるから、1回行ってみようよ」って。もちろん本人はそこまでの思いで言ってないわけよ。「えぇ〜。面倒くさいよ〜」ってなるんだけど。

**西村** 小学生になると、面倒くさがるようになるよね、ほんと。

**梅田**　それでも最初の1歩目はこっちが半強制的に行かせてみる。案の定、フェンシングは1回で終わりになったんだけど、そうやって体験の数や幅を広げることはやはり大切だなと感じている。

**西村**　すぐやめていいっていう提案を繰り返してるから、子どものほうも「1回だけね」ってやってみやすくなるわけね。

## ──まったく引き止めない？

**梅田**　できる限りそうするように心掛けているつもり。本当にすぐやめられるっていう心理的安全性のほうが体験の数と幅を広げるためには大事だなと。三男は、新しいことを始めるのに心理的ハードルがあるタイプなんだけど、絶対好きだと思うから1回だけ！ってやってみてもらったポッタリー（陶芸）に今はどハマりしているんだよね。

すぐやめるのをよしとするとやめ癖がつくという心配は今は気にしないようにしている。不得意なことや嫌いなことを無理やり続ける努力より、得意なこと、好きなことを見つけて深みにハマる体験の方が大切だと割り切ってます。

西村　出口があるって大切だよね。

梅田　ただ例外はあって、国語と英語。子どもがこのインタビューを読んだときに「嘘ばっか言ってる」って言われないために付け加えさせてください。

西村　そこに算数は入ってこないんだ。

梅田　たいがいのことはその気になったら大人になっても取り返せると思うんだけど、コミュニケーションの基礎となる言語だけは小さい頃からの蓄積で将来の選択肢が変わってくると思っていて。特に、耳（ヒアリング）と口（発音）は子ども時代からの蓄積によるアドバンテージがとても大きい。

## デバイスはコミュニケーションツール

**――この本では、スマホやインターネットとの付き合い方にも触れているのですが、梅田家ではどう考えていますか？**

梅田　それが全く解がなくてですね、こっちが悩んでます。

西村　制限はしてる？

梅田　（小学生は）時間制限は一応している。アプリごとの時間制限をしても結局、テレビやPCもある。こっちのデバイスは1回30分までねとか、キッチンタイマー使うとか、どれもこれもワークしてるとは言い難い。中学生の長男は完全にエンドレス。どうしてる？

西村　うちも小学生のうちはアプリごとに時間制限つくって……としているけど、中学に入った長男はコントロール不可ってなってしまっているよね。

梅田　そうなるよね。ただ、デバイスを渡すこと自体には抵抗がなくて、むしろ、小さいときから子どもの可能性を広げる当たり前のツールとしてマイデバイスを渡している。でも、体験がデバイスの中の世界に偏ってほしくない思いはある。どうしてもデバイスの力は強いから、そこは制限をかけて、デバイス外の体験に時間を割けるように試行錯誤している感じ。

あと、ある意味デバイスが、日々の会話や議論のきっかけを与えてくれているというのもあるね。何で長く見すぎちゃいけないのかとか、なぜ食事中にゲームをやらないほうが良いのかとか。この本を読んでこんなことも半ば無理矢理にでもポジティブに捉えられるようになった気がする。

西村　たしかに、デバイスを通して考え方の共有してることは、うちも多いと思う。デバイス関連でまず問題が起きて、そこからいろんな会話が生まれている気がする。デバイスを見させない対策というより、実体験が一番大事っていうところから、区切りをつけるきっかけは必要だね。

## 子どもが未来に対してポジティブでいられるために

**梅田** 最初の「小学生の親は面白い」に戻っちゃうんだけど、この本を読んで、親が楽しんでいると子どもも未来に対してポジディブでいられるんじゃないかなと思った。

**西村** たしかにね。

**梅田** 僕が子どもの頃の親のイメージって、「子ども達のために頑張ってる存在」というのが強くて、子ども達のための犠牲者みたいな印象が強かった気がしていて。でも、この本がまさに伝えている「子育ては楽しい」というメッセージそのものが、これからの日本に何より大切だなと。

**西村** まわりの大人たちが楽しく生きてる実感値があるとね。

**梅田** そうね。今、僕たちが住んでいる逗子葉山地域は、楽しんでいる大人の

西村　ロールモデルがさまざまで、そこが好きなところで。長男が保育園のときのクラスの将来の夢ランキング1位が画家だったり、毎日ビーチでご機嫌に太鼓を叩いている人がいて、その人がどうやって生活しているのか子どもたちと話し合ったことがあったり、「いい学校に入っていい会社に入って」だけではない選択肢を知れることは大きな価値だと思う。

梅田　長男がN中に行ったっていうのは本にも書いたけれど、葉山はフリースクールに通っている子も多いし、教育の選択肢も増えているよね。

西村　N中は一条校*じゃないし、レール的なことで言うと不安もあると思うんだけど、琢ちゃんとしてはそう思わなかった?

梅田　ないわけじゃないけど、長男の感じを見ているとむしろN中の選択肢があって助かったと思っているよ。

そう。教育の選択肢が多いということはこれから特に大切になることだと思う。N中のような選択肢が出てきたのは本当に素晴らしいよね。でもまだ選択肢の幅は十分ではないと思うから、すこしでも増やしていくことに僕も貢献できたらなと思っています。

## 梅田家の「やってみた」

**・今日のビッグニュース**

長男が小学2年生のときに始めたんですけど、朝食のときに「今日のビッグニュース」を話すんです。紙の新聞を持ってきて、紙面でのボリューム感も見せて。世界で何が起きているかを話すきっかけになるし、続けてきたおかげで、今では子どもたちのほうから求めてくるようになりました。

**・年に1回学校ずる休み権**

アメリカに住みはじめたときに、環境変化に苦慮している子どもをみてつくった権利が今でも続いています。即使っちゃうか使わずとっておくかも兄弟間で違いが出て面白い。

**梅田優祐**（うめだ・ゆうすけ）

1981年生まれ。2004年横浜国立大学経営学部卒。コーポレイトディレクション、UBS証券を経て、2008年に株式会社ユーザベースを設立。企業・業界分析のための経済情報プラットフォーム「SPEEDA」と経済に特化したニュースプラットフォーム「NewsPicks」を立ち上げる。現在は、ソーラールーフとHEMSを開発する株式会社モノクローム代表取締役を務める。

＊学校教育法第1条に規定する学校。非一条校の中学の場合、中学校卒業資格を自身の当該学区の公立中学校に発行してもらう必要がある。

## 西村 琢（にしむら・たく）

1981年生まれ。慶應義塾大学経済学部卒。2005年に「体験ギフト」の企画販売を行うソウ・エクスペリエンス株式会社を設立する。それまで日本になかったサービスであったことに加え、社員の多様な働き方にも注目が集まった。取材や視察が相次ぐなかで、自身の生活や子どもとのことを話す機会が増え、『子育て経営学 気鋭のビジネスリーダーたちはわが子をどう育てているのか』（日経BP）にも収録されている。妻と3人の男児（中学1年生、小学4年生、3歳）と暮らす。

## だから声かけ、話し合う

親と子の気持ちいい関係をつくる
「やってみた」と「話してみた」

2024（令和6）年2月9日　初版第1刷発行

著者　西村 琢
発行者　錦織 圭之介
発行所　株式会社東洋館出版社
〒101-0054　東京都千代田区神田錦町2丁目9番1号
コンフォール安田ビル2階
（代表）電話 03-6778-4343　FAX 03-5281-8091
（営業部）電話 03-6778-7278　FAX 03-5281-8092
振替 00180-7-96823
URL　https://www.toyokanbooks.com/

装丁・本文フォーマット　小口翔平＋須貝美咲＋村上佑佳（tobufune）
装画　冨田マリー
著者写真　宮本七生
印刷・製本　岩岡印刷株式会社

ISBN 978-4-491-05393-6／Printed in Japan